買ってはいけない家と土地

土地家屋調査士
髙橋 輝 著

自由国民社

はじめに

マイホーム購入が気になると、いつの時代でも「今が買い時」という言葉を目にします。最近でしたら、アベノミクス効果、東京オリンピックの開催決定、税制面の優遇など、好材料を挙げて「今が買い時」という人の声があります。

実際、「今が買い時」という言葉が聞こえてきたのなら、それは、あなたが「初めてマイホーム購入を意識し始めた」ということかもしれませんし、もしかしたら本当に「あなたにとっての買い時」なのかもしれません。

ところで、初めてマイホームを探したり、購入を検討する時というのは、何も知識がなく、どんな物件がいいのか、いくらまでなら家の購入費用に充てられるのかが、ほとんどの方はよく分かっていないものです。

特に物件探しについては、いいと思って土地を購入したけれど思いがけない出費があったり、思い描いていた建物が建てられなかったりするなどのトラブルも見受けられます。

この本は、いざ購入してみたら、住んでみたら、こんなトラブルがあるかもしれない、物件をすぐ売るはめになるかもしれない、将来、売却しづらい物件であるかもしれない、といった「物件のリスク」について書いた本です。

私の両親もマイホームを購入しましたが、それは、近隣の方の同意が得られなければ再建築ができない土地でした。また、水道管が隣家の敷地を越境していて、余計な出費と精神的な苦痛を味わいました。

両親はそういう土地であることをまったく知らずに購入したのです。最終的には買った時の半値以下の値段で売却することになりました。

私が、前職の不動産の営業や、土地家屋調査士として測量や登記を通じて感じたことは、「ほとんどのお客さまは、建っている建物にしか目を向けていない」ということです。

毎日の家事がしやすかったり、綺麗な家で毎日が幸せになるのは、確かにとても大切なことです。けれども、マイホームを選ぶ時には、建っている土地の価値もしっかり見極めることが大切です。

売買契約書や重要事項説明書には、土地や建物の条件が詳細に記載されています。しかし、不動産についてそれほど知識のない方が、契約書や重要事項説明書に書かれた内容をどれだけ理解できるでしょうか。

マイホームを購入する際には、膨大な知識と煩雑な作業が必要になります。

本書はこれからマイホームの購入を検討されている方に向けて、物件を選ぶ時に注意すべきポイントをやさしく解説しています。

一人でも多くの方が、「悪夢のマイホーム」ではなく「納得できるマイホーム」「幸せのマイホーム」を手に入れられるよう、本書がそのお役に立てば幸いです。

買ってはいけない家と土地　目次　CONTENTS

第2章 悪夢の土地、幸せに暮らせる土地 土地の場所と使い勝手から考えてみよう

第3章 家が建たないこともあるから 敷地と道路について知ることも大切

第4章
着工前に買う？　建物を見学してから買う？
新築の土地付き一戸建ては魅力がいっぱい

第5章 新築よりトクという人もいるけれど……リスクの高い中古の土地付き一戸建て

第8章 愛する家族のためのチェック事項

第9章 やらなければ不安、やってみたら もっと不安になるかもしれない物件調査

第1章

不動産をめぐる人とお金

不動産業者は敵、味方?

不動産の営業マンの頭の中

～営業マンは、購入する可能性の高さでお客さまを格付けしている～

◆ヒアリングシートに記入した年収が優先順位の決め手となる

不動産の購入に際して付き合うことになるのが不動産業者です。

不動産業者の営業マンと言えば、あなたの希望にぴったりの物件を探して、親身になって行動してくれる！　などと思っている人はあまりいないかもしれません。

現実には、親身になってくれる営業マンもいるかもしれませんが、一般の方が不動産業者の営業マンに持っているイメージは、「買わせようとする人」なのではないでしょうか。

実際の不動産業者の営業マンたちはお客さまをどう見ているか、その一端をお教えしましょう。

皆さんが、不動産業者の店舗に行ったり、営業マンに会ったりすると、まず予算や物件の条件などを営業マンに聞かれます。

そして、営業マンはヒアリングシートにあなたの希望と、あなた自身について記載していきます。そこには、購入を希望するエリアや、希望物件は一戸建てなのかマンションなのか、現在の賃料、いつごろ購入を検討しているのか、勤務先、夫婦の年収および貯蓄額などを記載します。


この時、営業マンは**勤務先、貯蓄額、年収でお客さまの優先順位を決めています。**

有望なお客さま、普通のお客さま、後回しのお客さまといった具合です。


これには、営業マンのノルマ（目標）が密接に関係しています。

不動産の営業職は、かなりの割合で歩合制になっています。要するに月でいくら売り上げなければならない、または月に数棟は契約を取らなければならないというノルマが課された、とてもシビアなものです。

ノルマが未達成に終わると、給与面でかなりの収入減になってしまうので、休日を返上してでも契約を取るように頑張ったりします。契約が取れるかどうかは、営業マンにとっては死活問題なのです。
もしも、2~3か月ノルマが達成できないと、上司から怒号や罵倒などを浴びせられることになる会社もあり、出世にも影響してきます。
このような状況下に置かれているので、お客さまの年収や貯蓄額を見て、次のように優先順位を付けることになるのです。

有望なお客さま――必ず自分で契約を取りたいので優先的に行動しよう。
普通のお客さま――もしかしたら買ってくれるかもしれない。たまには連絡を取って、少しずつ買う気にしてやろう。
後回しのお客さま――そもそもマイホーム購入が難しいので後回し。

不動産業者によっては、未公開物件(一般にホームページなどで掲載されない物件)の情報を提供するなどと言って会員カードに記入させることもあります。物件選びのために情報を得ることは欠かせませんが、情報と交換に皆さんもランク付けされていることを認識して下さい。

不動産の営業マンの常套句

～物件を売りたいがために駆使している常套句がある～

◆セールストークに冷静に対処するために知っておくとよいこと

私が営業職をしていた時は、お客さまとのやりとりがマニュアル化されていました。

すべての営業マンが「売ること」だけを優先して考えているわけではないかもしれませんし、これから挙げる営業マンの言葉すべてが間違いというわけではないかもしれません。

しかし、基本的に営業マンはお客さまに買ってもらうための営業手法をあの手この手で考えています。

セールストークに惑わされず、自分と家族の将来を考え、冷静に対処して頂きたいと思います。

①「消費税が増税される前に買わないと損ですよ！」

たしかに消費税の税率が上がると、新築の建物代金にかかる消費税額は増えてしまいます。ただし、土地代は消費税課税対象外です。

そして、中古の物件で、売主が個人の場合は、建物についても消費税はかかりません。ですから、個人の売主さんから中古物件を購入する場合には、物件価格については消費税はかからないのです。

ただし、不動産業者に支払う仲介手数料や、住宅ローンの手数料などには消費税がかかりますから、税率が上がれば出ていく金額も増えることにはなります。

それでも、マイホーム購入において一番金額が大きいのはたいていは物件そのものの代金ですから、そんなに気にしなくてもいいのではないかと思います。

また、増税になると、不動産の売買が少なくなることを考慮してか、住宅ローン減税や給付金などの対策が手厚くなる傾向にあります。

本当に欲しい物件があるなら、時期に関係なく買えばいいと思いますが、税率が上がるからといって、マイホーム購入を急ぐ必要はまったくありません。

余談ですが、私のまわりの専門家は景気が悪い時にマイホームを購入しています。

その理由は次のようなものです。

①金利が安い。

②住宅ローン減税など国の対策が手厚い。

③景気が悪い時は職人も暇なので人工代《にんくだい》が安い。よって安く家が建てられる。

④使用する鋼材（鉄骨など）の値段が安い。

⑤一般の人が買い控えているので、物件の選択肢が多い。

金利や、住宅ローン減税など、税制面での優遇の話はよく耳にするでしょう。職人さんの人工代や鋼材の値段などは、一般の方には考えが及ばないところだと思いますが、建物の建築費用が大きく変わる要因であることは事実です。

「マイホームをいつ買うか」について正解はありませんが、こうしたことも頭に入れておくと、お得にマイホームを手に入れられるかもしれません。

②早く決めないと売れてなくなりますよ！

人気物件は売れるスピードが速いのは事実です。売り出してから数日で何件もの申込みが入る物件も存在します。

しかし、マイホームはほとんどの方にとって一生で一番高い買い物です。早く決めようと焦ってしまっては、判断を誤ってしまうこともあるかもしれません。売れてしまったら縁がなかったと考え、納得できるまで検討する方がよいのではないでしょうか。

ただし、物件の相場感覚を購入者が培っておくことは、とても大切です。

相場感覚は、多くの物件を見ることで培われます。多くの物件を見ているうちに「この地域で、この築年数なら、良心的な値段だな」などということが、なんとなく分かってくるようになるのです。

最近はインターネットなどでも多くの物件が掲載されていますので、まずはインターネットで勉強してみましょう。

けれども、相場より安い物件、人気エリアの物件など、本当によい物件は、インターネットに掲載される前に不動産業者が見込み客（前述したように営業マンが「有望なお客さま」と分類した人）に先に案内してしまうので、すぐに売れてしまうことも多いようです。

そうした物件が出たことをすぐに連絡してくれるような不動産業者と上手に付き合うことが、よい物件を購入する方法だと思って下さい。

③ 金利が上がる時は景気がよくなる時です！ 給料も上がるので、住宅ローンも払っていけるから、大丈夫ですよ。

金利が上がりそうな時に購入を躊躇《ちゅうちょ》するお客さまに安心して購入してもらうための常套句ですが、実はなんの根拠もありません。金利が上がると景気がよくなり、給料がアップする方もたしかにいると思いますが、すべての方の給料がアップするとは考えられません。また、給与がアップするとしても、金利が上昇して住宅ローンの支払いが増える分と同じくらいアップするとは限りません。

時代によって景気のよい業種、悪い業種もありますから、安易にこうした言葉を信じて無理な住宅ローンを組むことは危険です。

④家賃はお金をドブに捨てるようなもの、買えば資産になるのにもったいないですよ。

確かにごもっともな話なのですが、資産になるのは、住宅ローンを完済した時です。途中で売却するようなことになれば、資産どころか負債になるかもしれないことも頭に入れておかなければなりません。

そもそも「持家 VS 賃貸物件」を比較することに違和感があります。というのも賃貸物件にしかないメリット&デメリットがあるからです。

メリットとしては、

・長い住宅ローンに拘束されることはない
・収入に応じて引っ越すことができる（景気が悪くなれば、安い賃貸物件に引っ越しも可能）
・修繕費などを考える必要がない

デメリットとしては、

・家賃として払い続けるだけなので、いくら払っても資産にはならない

- 年をとった時に単身で入居させてもらえるか分からない
- マイホームと比較すると完済がないので、一生家賃を払い続けなければならない
- 賃貸住宅は建材など安価なものが多いので、住み心地はよくない

などがあります。

営業マンとしては、賃貸物件のデメリットばかり話をしてきませんか。

冷静に判断できる状況であれば「おかしい」と思う話でも、きれいな物件を見て舞い上がっていたり、購入に乗り気になっていると、「増税前に買ってしまおう」「他にも興味を持っている人がいるみたいだから、他の人が申し込む前に申し込んでおこう」と買い急ぐ方が実際にはたくさんいるのです。

まずは、本当に欲しい物件なのか、自分にとって手の届く物件なのかを冷静に考えてみましょう。

不動産業者が狙う両手取引、報奨金物件とは

～営業マンはどのように契約を取りたいと考えているか～

◆まずは両手取引で手数料が倍になることを狙う

実際にお客さまの要望を聞いて営業マンは物件を探すわけですが、100％お客さまに忠実かと言うと、実はそうでもありません。前にもお話したように営業マンにはノルマが課せられていますから、このことが大きく関係します。

まず、営業マンが考えるのは、**売主と買主の双方を、自社で契約させること**です。これは不動産仲介業者の手数料に関係します。

どういうことかというと、不動産業者の仲介手数料は、物件価格が400万円を超える場合、**物件価格×3％×6万円＋消費税**が上限と法律で決められています。上限といっても、通常の取引ではこの金額を仲介手数料として支払うのが一般的です。

お客さまが物件を気に入って買ってくれれば、不動産業者にはこの手数料が入ります。

そして、売主も自分のお客さまであれば、売主からも同様に物件価格×3％×6万円＋消費税をもらえることになります。

両方から手数料を得ることを業界用語で「両手」と言います。売主か買主、どちらか片方から手数料を得るなら「片手」という言い方をします。

例えば、物件価格が3000万円だったら、片手の仲介手数料は、3000万円×3％＋6万円＋消費税（8％）＝103万6800円です。これが両手になると、倍の207万3600円となります。

あなたが商売をしていたらいかがですか。やはり両手になるように頑張りませんか。

◆物件によっては報奨金がかかっているものがある

建売住宅によくあるのですが、報奨金がかかっている物件があります。

建売住宅は、建物が完成してから月日が経てば経つほど売りづらくなります。お客さまにしてみれば、その物件が半年くらい売れていないことが分かると、売れていないのは何か理由があるのではないかと思う人もいるでしょうし、築年が前年なら「新築」という印象も薄れてしまいます。

もっと言えば、新築物件と言えるのは、「一度も入居したことがない物件」「竣工後から1年までの物件」です。建ててから1年経ってしまうと、「新築」とも言えなくなってしまうのです。

売れなければ、業者はその間、物件の維持費（固定資産税や借入があれば金利など）を負担しなければなりません。

さらに、その物件を売り切らないと、新たな土地の買い付けなどにも支障が生じます。金融機関が新たな融資をしてくれないケースもあるのです。

こうしたことから、完成から一定期間が過ぎても売れないと、業者は物件価格の値段を下げてきます。同時に営業マンに「その物件の契約が取れたら◎◎◎◎円」というような報奨金を出すことにするのです。

営業マンとしては、他の物件で契約を取るよりも、売れ残りで報奨金のかかった物件の契約を取る方がお小遣いになることがあるのです。

◆営業マンは契約する物件を決めている

これも実際に私が教えられた手法です。お客さまの予算から案内する物件を3つほど考えておきます。

お客さまから聞いた予算は3300万円だとしましょう。

まずは売れ残り物件を案内します。

新築の一戸建てですが、建物の裏に川（ドブ川）が接していて、駅からバス便という、なかなか売りづらい物件に案内します。物件の価格は3180万円です。

案の定、お客さまは「駅から遠いのね」「裏のドブ川が気になる」という反応でした。

しかしこれは想定内です。そう、この物件は「捨石物件」なのです。

「捨石物件」とは、営業マンがもともと売れると思っていない物件です。

なぜ、買わないと思われる物件にわざわざ案内をするのでしょうか。それは、「お客さまの予算だと、これぐらいの物件しか買えない」と認識させるためです。嫌悪施設、日当たり、バス便などのどれかを我慢しなくては、その予算でこのエリアでは理想のマイホームはないということを認識してもらうのです。

次に案内するのは、3800万円の物件です。お客さまの予算より500万円オーバーしています。先程の物件に比べて嫌悪施設などはなく、日当たりも良好です。当然お客さまの反応としては「高いけどいいわね」となります。「でも、予算オーバーだから、うちには無理ね」ということで、次の物件へ行きます。

最後は3400万の物件。先程よりは見劣りしますが、近くに嫌悪施設などはなく、駅からも徒歩15分ほどです。

最初の物件でがっかりしていたところに、ちょっと頑張ればいい家が手に入るとお客さまは思うようになります。

心理的なことだと思いますが、このように物件を紹介していくと、購買意欲が増すお客さまが多いのも事実です。

不動産業者の営業マンは、お客さまが提示する予算は、少し低めに申告していると考えています。本当に物件を気に入れば、100万円ぐらい多く出せる余裕があると考えているのです。

でも、申告された予算よりかなりオーバーしているのに、2件目の3800万円の物件はどうして案内したのでしょうか。

それは、**親からの資金援助があるかもしれない**からです。

ご両親から500万円程度の資金援助はかなりの確率であります。現在だと贈与税もかかりませんので（住宅取得等資金に係る贈与税の非課税措置）、そこを狙っているのです。営業マンとしては、最後の物件を本命として、予算よりかなりオーバーしている2件目で申込みが取れたら棚ぼたものです。

このように、営業マンは物件を売るために心理作戦も駆使して、契約までをイメージしているのです。

◆営業マンのターゲットは奥様である

この話はよく聞くかもしれません。本当かどうかと聞かれれば、私が以前に勤務していた会社では、本当に奥様を買う気にさせるよう教育されていました。

マイホーム購入の理由は、旦那様と奥様で、決定的に違いがあると感じます。

旦那様の意見の多くは、

「35年ローンを組むなら、そろそろ買わないと返済できない」

「子どもも生まれたし、今の家が手狭《てぜま》になった」

「家賃をずっと払っていっても資産にならないのでバカらしい。せっかく払うなら資産になるように購入しようと思った」

というように、**将来的な資産形成、将来設計に重きを置いている**ように感じます。

これに対して奥様はというと、

「綺麗な家で家族の帰りを待っているのが夢だった」

「昔から新築の家に住むのが夢だった」

「対面式キッチンにあこがれていた」

「ウォークインクローゼットや食洗機などがあったら、家事が楽になる」

など、家への憧れを抱いている方が多いように感じます。


営業マンとしては、旦那様と奥様、どちらを買う気にさせるのが早いでしょうか？

当然、奥様をその気にさせた方が買ってくれる可能性が高いのです。ですから一生懸命物件案内を行い、奥様の購買意欲に火をつけます。

最終的な購入は旦那様の意思もありますが、奥様が乗り気になってくれれば愛する妻には甘いものです。


余談ですが、奥様にアプローチをしすぎても、営業マンとして失敗することがあります。

それは旦那様の嫉妬です。営業マンも気苦労の絶えない仕事なのかもしれません。


「はじめに」にも書きましたが、私が不動産の営業や、土地家屋調査士としての経験を通じて強く感じたことは、ほとんどのお客さまが建っている建物にしか目を向けていないということです。たしかに毎日の家事が楽になる、綺麗な家で毎日が幸せになるのはとても大事なことです。

しかし、**建っている土地の価値もしっかり見極めることが大切です。**

建物の資産価値は、経年劣化に伴って徐々に下がっていきます。木造であれば20数年もすればゼロになるのです。売却する時は、土地の値段だけになることを頭に入れて物件を選ぶようにしましょう。

住宅購入の諸費用は物件価格の約5〜10％

〜手元にお金を残しておかなければならない理由〜

◆流動的ではあるけれど、諸費用の概算額を知っておこう

住宅購入の際には、頭金の他に住宅購入に必要となる諸費用があります。あらかじめ、諸費用の概算額を不動産業者に出してもらいましょう。

ただし、利用する金融機関、司法書士や土地家屋調査士などの専門家、引渡し時期により諸費用は変動します。当初の見積もりは流動的にならざるを得ない部分もあると理解しておきましょう。

以下に主な諸費用を挙げておきますが、金融機関などによってかかるもの、かからないものもあるので注意して下さい。

◎売買契約時に支払う諸費用

①手付金

手付金とは、契約時に先払いするお金のことで、物件価格の10％程度か、100万円くらいを支払うことが多いようです（売主が不動産業者の場合、売買代金の20％を超える手付金を受領することはできないことになっています）。無事、契約から決済（引渡し）となれば、手付金は物件代金の一部として（多くは頭金として）充当されます。

手付金の内容についてはしっかり確認しておきましょう。ほとんどは「解約手付」といって、契約を白紙に戻したいときのペナルティです。相手方が履行に着手するまでは、買主は手付金を放棄すれば契約を解除できますし、売主は手付金の倍の金額を支払えば同様に売買契約を解除できるというものです。

②売買契約書印紙代

売買契約書に貼る収入印紙代です。この印紙代は売買価格により異なります（国税庁のウェブページで確認できます）。収入印紙は郵便局や法務局で買うことができます。

◎融資に関連する費用

①住宅ローン保証料

マイホームを購入する際、住宅ローンを組む方がほとんどかと思いますが、その借入れについて保証会社に保証してもらうのが一般的です。その保証会社に支払うのが「住宅ローン保証料」です。連帯保証人に支払う費用だと思っていただければ分かりやすいのではないでしょうか。

保証会社は、もしも住宅ローンの返済が滞った場合に、借り手の代わりに金融機関に弁済するのです。ただし、保証料を支払っている保証会社が弁済するといっても、それでローン返済が免除されるわけではありません。今度は保証会社が借り手に対して返済をするように催促してきます。

保証料は借り入れる時に一括で支払うものと、住宅ローンの金利に0.2～0.3％程度上乗せするものとがあり、金融機関により異なります。

保証会社の保証をつけることが金融機関の融資の条件になっていますし、保証会社は金融機関が指定するので、購入者が好きな保証会社を探すこともできないケースがほとんどです。

②融資事務手数料

融資をしてくれる金融機関に対して支払う手数料です。金額はおよそ3万〜5万円くらいのところが多いのですが、融資額の数%という金融機関もあります。

融資事務手数料は、融資が実行される時に一括で支払うことが多いです。

③火災保険料・地震保険料

住宅ローンを組むと、火災保険は強制加入となります。それと同時に地震保険の加入も検討することになります。東日本大震災以降、地震保険に加入する方も多くなりました。

地震保険は、国が定める住宅性能表示制度に基づく免震建築物などについて、各社共通の保険料の割引制度があります。

火災保険については、会社ごとに保険料の割引制度の有無や内容が異なります。

銀行や不動産業者、建売分譲業者などが保険プランを出してくれることもありますが、特に火災保険については保険会社によって割引の内容や率が異なりますので、少なくとも数社から見積もりを取り、比較検討することをおすすめします。

④団体信用生命保険料

住宅ローン返済中に死亡したり所定の高度障害になってしまった場合、残ったローンの残債額を保険会社が一括返済してくれるのが団体信用生命保険（団信）です。

民間の金融機関で借入れをする場合は加入が条件とされています。

民間の金融機関と住宅金融支援機構が提携して提供しているフラット35などを利用する場合は、加入は任意とされています。

団信は、購入者の病歴や健康状態によって加入できないこともあります。健康上の理由で通常の団信に加入できない場合は、「ワイド団信」といって引受緩和型の団信付きの住宅ローンもありますので、そうしたものを検討してみてはいかがでしょうか。

⑤金銭消費貸借契約書印紙代

金銭消費貸借契約書に貼る印紙代です。融資額などにより金額が異なります（売買契約書印紙代と同様、国税庁のウェブページで確認することができます）。

◎引渡しの際の費用

①建物表題登記費用

新築建物の登記にかかる費用です。表題登記とは、建物の種類・構造・床面積などを登記するもので、通常は土地家屋調査士が申請を行います。

報酬額は建物の床面積などにより異なりますが、概ね8万～10万円程度です。

②所有権保存登記・抵当権設定登記

建物表題登記が完了すると、今度は所有権保存登記および抵当権設定登記を申請します。

所有権保存登記では所有者を、抵当権設定登記では借入れ金額・債権者（金融機関）・債務者（住宅ローンを返済する人）などが法務局に登記されます。通常は司法書士が登記申請を行います。

報酬額は、登録免許税＋司法書士手数料という形になりますが、登録免許税の算出については個々の不動産の評価額によって異なります。あらかじめ、いくらぐらいかかるか聞いておくとよいでしょう。

③仲介手数料

不動産業者に仲介してもらった場合は、仲介手数料を支払います。仲介手数料は売買金額によって上限金額が決められています。

売買金額が400万円超の場合は、「売買金額×3%＋6万円＋消費税」が上限です。

④固定資産税および都市計画税の日割り精算金

固定資産税は毎年1月1日の時点での所有者に課税される税金です。1年分の固定資産税が所有者に課されるので、売買の際には所有日数で按分して精算します。

都市計画税は市街化区域内での所有者に課されますが、こちらも固定資産税と同様、所有日数で按分して精算されます。

税率は市区町村役場で確認して下さい。なお、固定資産税および都市計画税には軽減措置があります。

住宅用地については要件によって課税標準額が減額されますので、マイホーム購入においては追い風が吹いていると言えるでしょう。

◎購入後の費用

①不動産取得税

土地および建物を取得したときに課される税金です。居住用の土地や建物の場合は、大幅な軽減措置があります。

②その他の費用

引っ越し費用、付帯設備（エアコン・照明器具・アンテナ工事など）がかかります。こうした費用がかかることは予想がついているだろうと思いますが、購入後の出費も見据えて、無理のない価格の物件を探しましょう。

主なマイホーム購入時の諸費用

売買契約時費用	手付金（売買代金に充当） 売買契約書印紙代
融資関連費用	住宅ローン保証料 融資事務手数料 火災保険料・地震保険料 団体信用生命保険料（返済金額に組み込まれている場合あり） 金銭消費貸借契約書印紙代
引渡し時費用	建物表題登記費用 所有権保存・移転登記および抵当権設定登記費用 仲介手数料（売買代金×３％＋６万＋消費税） 固定資産税・都市計画税の日割り精算金
購入後の費用	不動産取得税・固定資産税・都市計画税 引っ越し費用 家電・家具・カーテンなどの購入代金 付帯設備などの工事代金（アンテナ設置工事代金など）

売買契約書や重要事項説明書は事前に入手しよう

～不明なまま契約してしまうのは危険です～

◆不動産取引に馴染みがない人にとって理解しがたい「重要事項説明」

いざ契約の段階になると契約日が設定され、不動産業者を訪れることになります。その際、宅地建物取引士が重要事項の説明を行います（重要事項説明書を読み上げるというパターンが多いと思います）。

重要事項説明と契約締結を同じ日に行う不動産業者が多いのです。

重要事項説明書の内容は購入物件の内容を記載したものであり、購入者にとって重要な記載が山盛りです。

説明を受けた後、「重要事項の説明を受けた」という署名・捺印をするのですが、重要事項説明は、ほとんどの方にとって難しい言葉の連続で、ほとんど内容が分からないまま署名・捺印をするというのが実情なのではないでしょうか。

当然、分からない部分は質問をすれば宅地建物取引士が説明してくれるのですが、「そもそも何を質問していいか分からない」という方もたくさんいると思います。

私が営業マンだった頃、「重要事項説明書は一息で読め」と教育されました。お客さまが重要事項説明を聞いてひっかかることがあって、そのせいで契約が見送りになれば、営業マンがやってきた今までの仕事はパアになります。業者としては、買主に考える余裕を持たせないようにして、「とにかく早く判子を押してくれ！」と思いながら平静を装っているのです。

契約に立ち会っていた私自身も、「分からない言葉ばかりが書いてある書類を、何も確認せず、よく判子を押せるな」と思っていました。

判子を押せば売買契約は成立となり、長い住宅ローンを支払っていく生活がスタートするわけです。

重要事項説明書に書いてあった事項について、後日、購入者と業者とでトラブルになったケースもないわけではありません。

重要事項説明書に記載されていた事項で起きたトラブルについては、一概に不動産業者だけが悪いというわけでもなく、買う方の知識不足もあると考えられます。

専門用語ばかりなので理解しづらいのは無理もありませんが、それでも**契約書や重要事項説明書に書いてある内容は、理解した上で契約に臨むべき**と言えましょう。

そのためにも、契約書や重要事項説明書は、契約する3～4日前までには手元に取り寄せ、事前に質問内容をピックアップしておき、宅地建物取引士が重要事項説明をしている時に質問して、明確に理解しておくべきだと思います。

住宅ローン、どれくらいの人が審査に落ちる？

～すんでのところで逃した契約済み物件が戻ってくることもある～

◆あまり使っていないクレジットカードは解約しておこう

建売住宅やマンションを「買う」という申し込みをして契約をしても、実際に買えるかどうかはまだ分かりません。

というのも、マイホームを現金で買える人は少ないので、ほとんどの人が住宅ローンを組むことになるからです。住宅ローンを組むには、金融機関の審査があります。もしも、この審査に落ちてしまったら、「住宅ローンが組めない＝代金を払えない」わけですから、買うことはできないのです。

この住宅ローンの審査に落ちる人は意外と多いのです。

住宅ローンの審査は金融機関が行うものであり、審査基準は金融機関によって違います。

基本的には、貯蓄額、勤務先、勤続年数、年収、年齢、健康状態、現在の借金（車のローンなども含まれる）、クレジットカードなどの事故履歴などが判断材料とされています。特にクレジットカードを多数所有している人は、すべてのカードの限度額を見られますので、あまり使用していないカードなどは解約しておくべきでしょう。

近年では携帯電話の端末の分割支払いや、奨学金も審査に加える金融機関があるようです。不動産の購入を検討しているなら、携帯電話の本体料金などは完済しておきましょう。

リーマンショックの頃などに比べれば金融機関も融資に対して条件を緩和しているようですが、それでも未だに5～10％ぐらいの方が審査で落とされているようです。

それだけ住宅ローンの審査に落ちる人がいるということは、「この物件、狙っていたけど売れちゃった」という方には、チャンスが残っているかもしれないということです。

先に契約されてしまっても、20件に1件ぐらいは白紙になるケースがあるのですから、欲しい物件の契約が流れた場合は、すぐに連絡をもらうよう、不動産業者の営業マンにお願いしておくようにしましょう。

素人さんは競売不動産には手を出さないのが吉

～競売によるマイホーム取得にはリスクがある～

◆不動産の競売とはどんなシステムなのか

近年、一般の方が競売によって物件を取得するケースも増えてきました。

借金を返済する義務のある人（債務者）が、その義務を果たさなかった場合、支払いを受ける権利のある人（債権者）が裁判所に申し立て、裁判所が不動産を差し押さえてお金に換えるシステムが競売です。

競売では裁判所が売主となって、入札により買主が決定されます。入札に参加して一番高い値段を付けた人が不動産を取得できるという仕組みです。

マイホームを購入する方は、たいてい住宅ローンを組んで購入すると思いますが、住宅ローンを払えなくなると、最悪の場合には差し押さえられ、競売により、売却されてしまいます。その売却したお金から、金融機関などの債権者が優先的に弁済を受けることになるのです。

◆ひと昔前は不動産業者しか手を出さなかった

昔は不動産業者のような実務に詳しい人が競売の入札に参加し、安い価格で不動産を取得して転売することが多かったのですが、近年では一般の方の参入も増えてきました。

ただし、競売で不動産を入手することはリスクもあるので、よほど不動産の実務に精通されている方でないとお勧めはしません。

よく言われるのは占有者が居座っていたり、所有者が出て行かないといったケースです。このような場合、立ち退き交渉などは素人では対応しきれないことが多々あるのです。

競売になる前に、なぜ任意売却しなかったのか考えてみて下さい。

差し押さえられて競売になると、市場価格より安く売却されるのは分かりきっています。ですから、債務者は、まずは市場価格に近い値段で売却する方法（任意売却）を検討するはずです。

ところが、任意売却をするには、債権者である金融機関などの承認が必要になります。金融機関は売却することによって優先的に返済してもらえるようであれば、承認するでしょうが、他に債務の連帯保証人が付いている場合や、優先して弁済が受けられない場合などは、承認を得るのが難しくなってきます。

また、物件自体に問題がある場合、例えば再建築不可の物件、既存不適格物件などは高く売却できる可能性が低く、任意売却は難しくなります。

このように、任意売却にならなかった物件が競売不動産として出てくるケースもあることから、一般の方が取得するには少しハードルが高いと思うのです。

競売不動産は仲介業者を通さないので、問題が起こっても自己責任で対応しなければなりません。

とはいえ、競売で入札に参加して物件を取得することには、もちろんメリットもあります。一番のメリットは、やはり市場価格より安く手に入るということでしょう。

興味のある方は、不動産競売物件情報サイトで「物件明細書」「現況調査報告書」「評価書」をダウンロードしてみましょう。

物件明細書、現況調査報告書、評価書には物件の詳細が書いてあります。ここに書かれている内容が理解でき、現地のトラブルにも対応できるようであれば、競売で不動産を入手することを検討してみてもいいかもしれません。思わぬ掘り出し物に出会える可能性もあります。

第2章

悪夢の土地、幸せに暮らせる土地

土地の場所と使い勝手から考えてみよう

もしも災害に遭ったら逃げられるのか

～土地が、「その場所」にあるという危険を確認する～

◆ハザードマップで災害時にその場所がどうなるかを把握しておこう

近年、地震、ゲリラ豪雨といった、気象災害のニュースをたびたび目にするようになりました。こういった情報に接すると、災害に弱い土地、すなわち地盤が弱い土地、家屋が浸水するような土地の購入は避けたいと思うのではないでしょうか。

ここでは、自然災害に強い土地か弱い土地かを確認する方法を紹介したいと思います。

次ページは地震防災ハザードマップの一例です。例に挙げた埼玉県川口市の地震防災ハザードマップでは、巨大地震の発生を想定した建物の倒壊や液状化の危険性、避難のしかたなどが記載してあります。

防災ハザードマップ（川口市の建物被害予想の例）

建物被害予測マップの凡例

設定した建物被害危険度と建物全壊棟数率の関係

建物被害予測の計算は、首都直下地震発生時の想定震度を用いて、町丁目別に集計された構造別・建築年次別の建物データから倒壊被害の「危険性を予測し、危険があるメッシュを8段階で色分けしています。白地は公園・グラウンド・畑など建物が存在しないか、最近建築されたビル等の倒壊の危険がないメッシュを表しています。

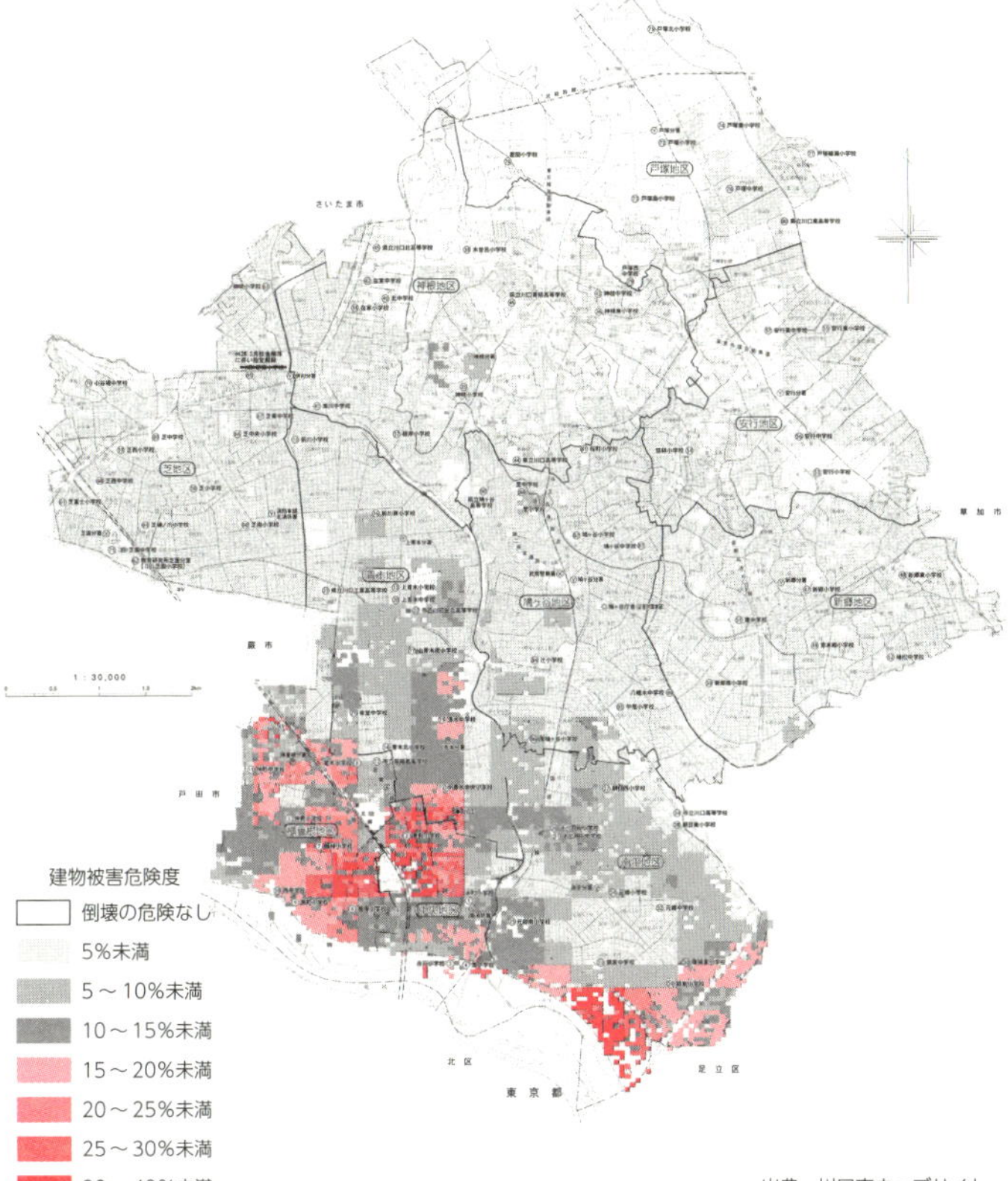

出典　川口市ウェブサイト

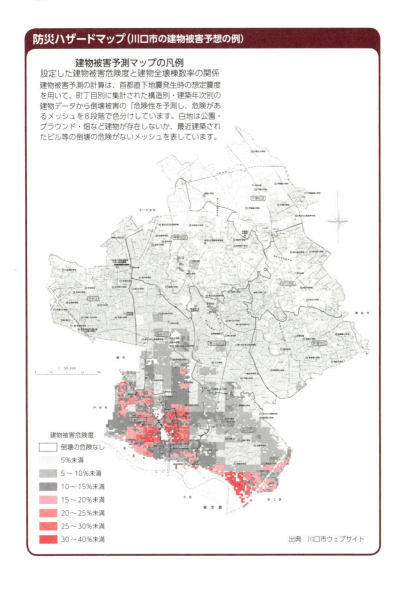

建物被害危険度として、危険度が高い地域から危険度が低い地域まで色分けしてあります。危険度が高い地域は建物の被害危険度が30～40％となっています。

行政によって記載内容は異なりますが、**購入する土地がどの危険度の土地なのかを確認するには、ハザードマップが一番**です。

地震による被害は、住宅の倒壊と火災による消失および隣家への延焼などが考えられます。

地震による被害の要因として**地盤の条件、建物の構造と老朽化（築年時）**が密接に関係しています。**地盤が弱く、古い家屋であれば、当然、倒壊や火災のリスクが高くなります。**建物の構造と老朽化については、第5章で詳しく説明することにします。

次ページは**洪水ハザードマップ**です。各市町村で入手できるものなので、土地の購入を検討しているなら、一度は確認しておきたいものです。

洪水ハザードマップには、河川が氾濫した場合の被害の範囲と、浸水した場合に想定される水深が色別で記載されています。

洪水ハザードマップ(世田谷区の例)

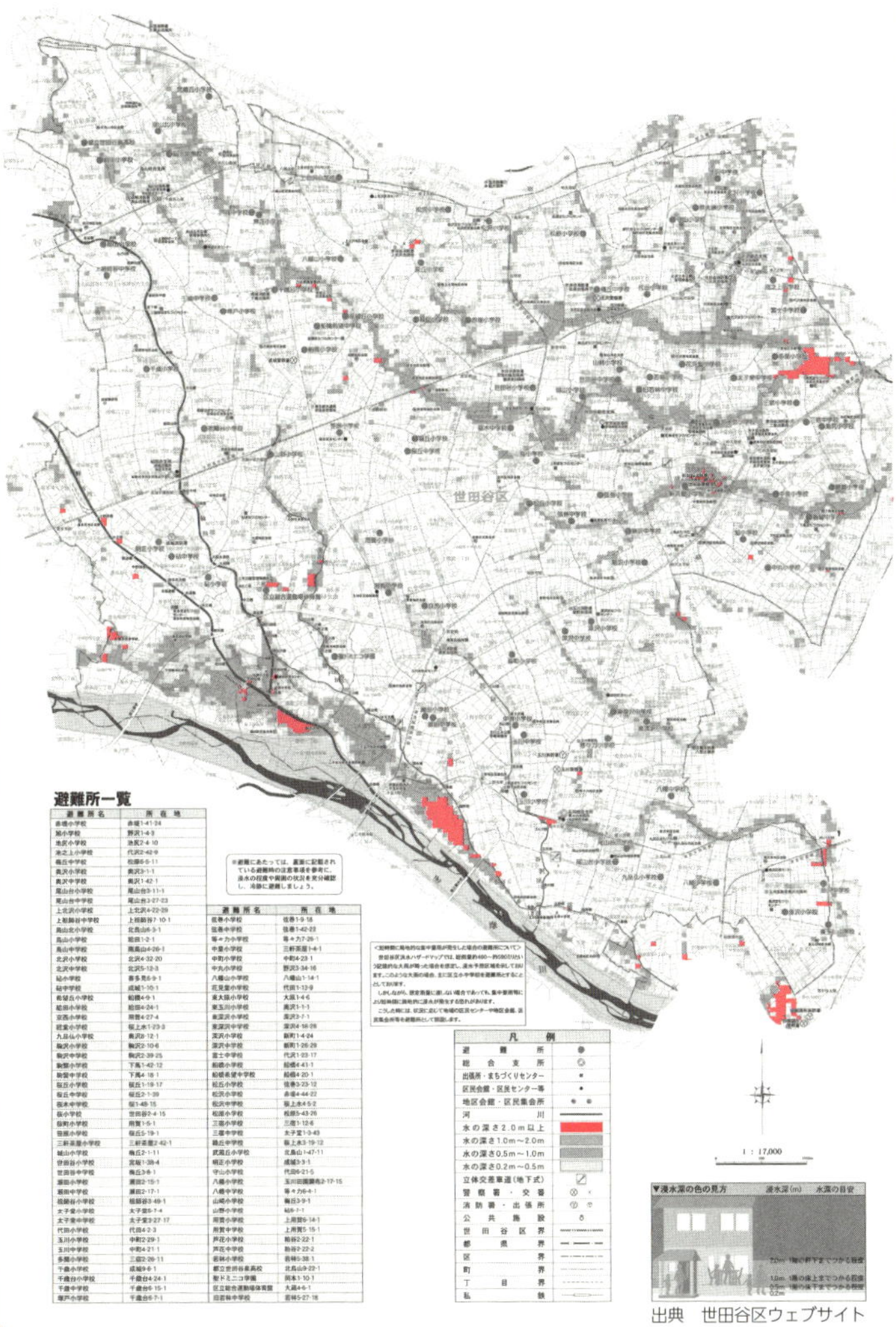

出典　世田谷区ウェブサイト

もちろん、これらの地図を見て近年のゲリラ豪雨や巨大地震に備えるだけでなく、災害時の避難経路、避難所、家族との連絡方法などを確認することも大切です。

◆古地図から地盤の強さを読み解く

東日本大地震により千葉県浦安市や埼玉県加須市などで液状化現象が起こったのは記憶に新しいと思います。

埋立地や池・沼・田など、地盤が緩い土地は数多く存在します。この点を調べる手段の一つとして挙げられるのが古地図の存在です。

古地図から、過去の土地の利用形態を見ていきましょう。

ここで紹介するのは、「迅速地図」という古地図です。

迅速地図とは、明治初期から中期にかけて行われた簡易な測量地図で、参謀本部陸軍部測量局によって作成されたものです。現在の地図と比較するのにとても便利な古地図です。

59ページの地図中に「水」や「芦」という記載がありますが、「水」は水田であることを、「芦」は湿地であることを意味しています。

このように、古地図を調べることで、昔の土地の利用状況を調べることができます。古地図は図書館・資料室などで閲覧したり、写しを取ったりすることができるので、具体的に購入を検討している土地があるなら、調べておくと安心でしょう。

調べ方のコツとしては、現在の地図と古地図の縮尺を合わせて、線路の形状や道路の形状に重ねてみると該当箇所が絞り込めます。

関東地方については、インターネットで、昔の土地と現在の土地の利用状況を見ることができるサイトがあります。

◎歴史的農業環境閲覧システム　http://habs.dc.affrc.go.jp/

そのほかの古地図も、参考までに紹介しておきます。

◎住宅地図

古いものは図書館などで保管されています。建物の名称、居住者が記載されています。数年分保管されていますので、土地がどのような経緯をたどってきたのか把握するのに便利です。

◎地形図

国土地理院発行のもの。縮尺が2万5千分の1または5万分の1の地図。広範囲の土地の変遷を見る時に便利です。

◎火災保険特殊地図

保険料算出のために保険会社により作成された地図。地図内に家屋の形状が記載されているのが特徴。備わっていない地域もあります。

古地図は昔の土地の利用状況も分かりますが、その土地の周辺がどのような利用形態だったのかも把握することができる優れものです。

迅速地図

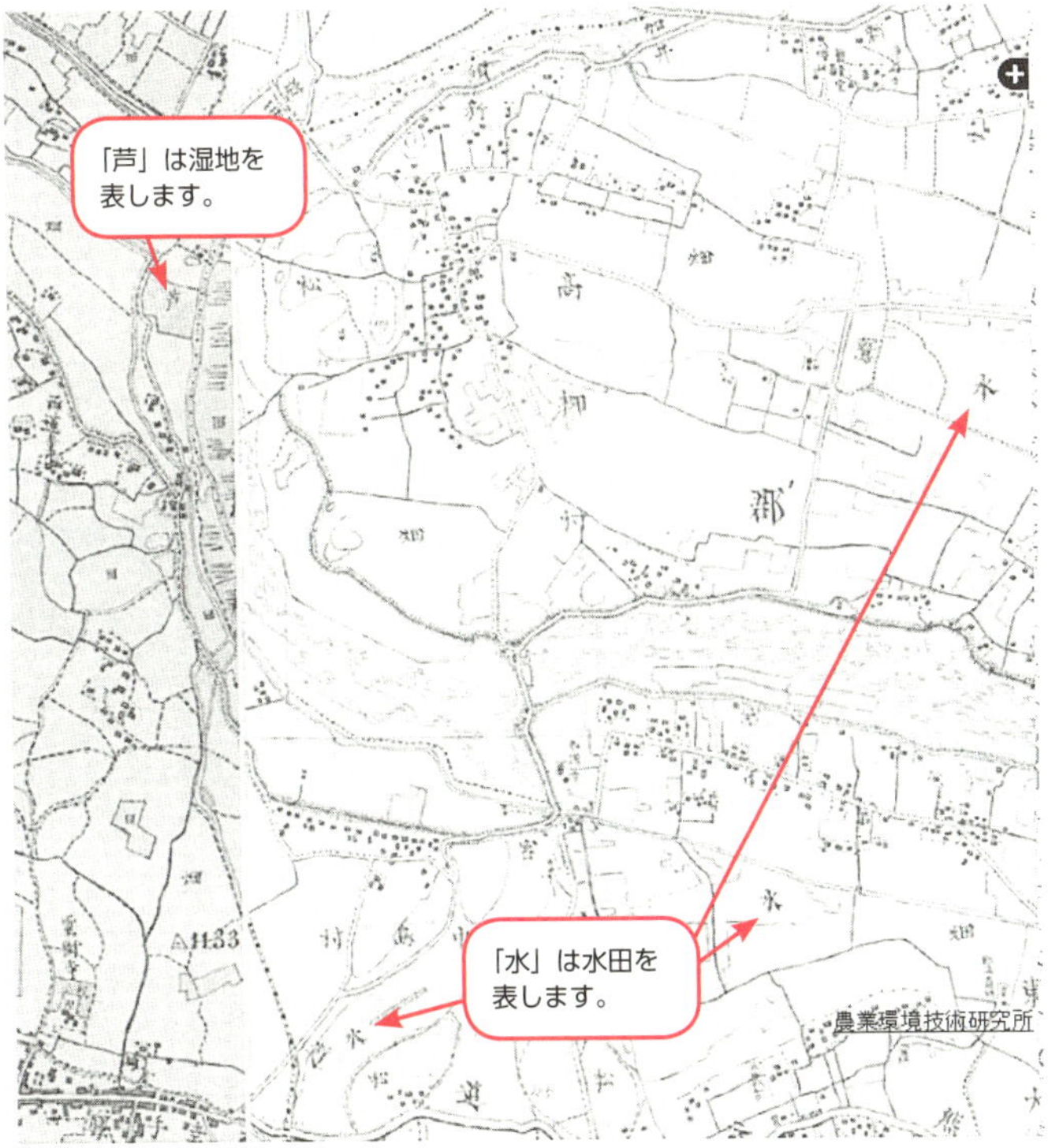

出典　国立研究開発法人農業環境技術研究所、歴史的農業環境閲覧システム

騒音、悪臭、水害、通行のしやすさ

～天気の悪い日やいろいろな時刻に現地を訪れよう～

◆住んでみて初めて分かることも

騒音や悪臭、水害、通行のしやすさなどは、一度くらい現地を見ただけでは分かりません。

ですので、異なる条件の時に、3度現地に足を運び、近隣の環境を見ることをおすすめします。

それは、**朝の時間帯、夜の時間帯、雨の日**です。

◎朝の時間帯

実際に交通量が多い通勤時間帯に現地に行ってみましょう。現地案内された時間帯と違って前面道路の交通量が多く、騒音・排気ガスなど気になりませんか。

また周辺住民のゴミの出し方などはどうでしょうか？　ゴミ置場付近の物件を購入する場合はチェックしておきたいところです。

小さいお子さんがいる場合は、交通量が多い道路は交通事故の危険もありますので注意が必要です。

また、交通量が多い道路に面していると、車庫入れも大変です。特に駐車スペースが縦列駐車の場合、運転の苦手な方には要注意です。

◎夜の時間帯

夜になると近隣住民が騒がしいなど、朝・昼とはまったく違う環境を目にするかもしれません。

あまりにも周辺が暗くさみしい道も危険です。また、公園が近くにある場合は若い人のたまり場になっていないかチェックしてみましょう。

地域によっては、市区町村のウェブページで「犯罪情報マップ」を見ることができます。「犯罪情報マップ」では、その場所が、犯罪の多い地域か、どのような犯罪が起きているのか確認することができます。

◎雨の日

雨量が多い日に行ってみると、道路が浸水している土地があります。

雨水が溜まる土地は地盤が低く、雨水の処理能力に欠けている可能性があります。オーバーフローしてしまう可能性がありますので注意が必要です。

近年のゲリラ豪雨は想定を上回る雨量が短時間に集中します。地盤より低い土地の場合は、浸水にも注意しておきましょう。

◆隣に住んでいる人に聞いてみる

土地を探すときにお勧めなのは、**隣に住んでいる人に話を聞く**ことです。

正直に「この物件を購入したいと思っている」と話せば、多くの方が快く話をしてくれます。購入したらお隣さんになると思うと、無下にはできないからです。

私も以前、実際にいいと思っていた物件があったので、お隣の方に気になる点を聞いてみたところ、「大型ショッピングモールが近くにできてから前面道路が抜け道になり、交通量が多くなりました。子供が飛び出すのが怖いです」と教えてくれました。

変わった人が近隣に住んでいないか、住みやすいか、困ったことはないか、子どものいる人は子育てをするのに適した環境か……など、率直に気になることを聞いてみましょう。初対面で聞きづらいと思うかもしれませんが、買わなければ、会う機会も話す機会もありません。割り切って聞いてみれば、見ただけでは分からない情報や、住んでいる人にしか分からない地域の状況を教えてもらえるかもしれません。

安いと思ったら所有権ではなく「借地権」

～他人の土地を借りて、家を建て、利用できる権利って？～

◆所有権と借地権の違いを理解していますか

建物を建てるためには「土地を利用する権利」が必要です。何も土地を利用する権利がないのに家を建てて住んでいたりしたら不法占拠ですから「出て行け」と言われるのは当然です。

この土地を利用する権利で代表的なものが所有権です。他に土地を利用する権利として、地上権や賃借権があります。

そして、建物の所有を目的とする地上権または賃借権を借地権といいます。

地上権と賃借権の違いは、地上権は物権、賃借権は債権と説明されます。ちょっと難し

借地権とはどんな権利?

	登記請求権	転貸・譲渡	抵当権設定
地上権	ある	できる	できる
賃借権	ない	できない	できない

いのですが、地上権者は土地所有者に対して「地上権を登記して下さい」と請求できるのに対して、賃借権は登記請求権がありません。ですから、賃借権の物件の登記事項証明書を見ても、賃借権を登記しているケースはほとんどありません。

登記をする理由や目的は、第三者に、自分がその不動産について権利を持っていることを法律的に主張できるようにするため（第三者への対抗要件と言います）です。

では、賃借権は登記請求権がないから、第三者に権利を主張する力（対抗力）がないのでは、と思いますが、借地借家法で借地上の建物に登記されていれば対抗できるとしています。

次に、地上権者は地上権を自由に譲渡、転貸（又貸しのこと）できるのに対して、賃借権は土地所有者の承諾がないと譲渡および転貸はできません。

地上権は物権と説明しましたが、これは「特定の物に対する権利」であり、賃借権は「特定の人に対する権利」と考えておきましょう。

◆借地権のメリットとデメリット

借地権の土地に建物を建てた場合のメリットとデメリットを考えてみましょう。ここでは定期借地権の前提で記載していきます。

◎メリット

①通常の価格の5~7割程の値段でマイホームを持つことができる。
②値段が安いので、通常より立地の良い場所に住むことができる。
③土地の固定資産税を支払わなくてよい。

◎デメリット

①資産として残すことができない。
②借地期間の更新がない。立退料を請求できない。
③土地を更地にして返却するので、建物解体費用が必要になる。
④土地所有者に地代を支払う。

さあ、いかがでしょうか。あくまでも自分のものにならないと意味がないと考える方には向きませんが、その土地を使うのは自分の代で終わればいい、と考える方にはお勧めかもしれません。

親はマイホームを所有していて、成人した子供たちも別の場所にマイホームを所有している——近年ではこういうケースも多いものです。また、現役世代である子供たちは転勤で日本中を転々としていたり、仕事で海外に行ったきり、などという話も聞きます。

親が亡くなって相続が起きても、子供たちが親の持っていた土地・建物に住む可能性はなく、相続の手続をした後、親が持っていた不動産を売却するというご家族も多いのではないでしょうか。

そうであれば、長期で多額のローンの負担が少ないということから、借地権付きの物件を選ぶのも一つの方法かもしれません。

ただし、借地権の物件の数はそう多くはないので、興味がある方は不動産業者に情報提供を呼びかけておきましょう。

建築協定は必ず守らなければいけません

～建築協定って一体どのような制約を受けるの?～

◆建築基準法と建築協定

建物を建てる場合は、建築基準法などの法律を順守して建築することになります。

建築基準法は建物を建築する際の最低限のルールですし、全国一律の規定なので、地域の特性や地域に適した建築物の規制を十分満足させるものではない場合があります。

そこで自分たちの住む街をもっと良好な環境にするために、建築基準法の制限よりも厳しい基準を定めて協定できる制度として、建築協定の制度が設けられました。

◆建築協定ではどんなことが定められているのか

建築協定では、建築基準法で定められた基準を緩和するような協定は定めることができません。建築協定で定めることができるのは、次の例のような内容です。

【建築協定で定める内容の例】

①建築物の用途は、二世帯住宅を含む専用住宅とする。
②外壁または柱は、隣地境界線から、○メートル以上離す。
③建築物の高さの制限を定める。
④建物の位置は、北側隣地境界線から○メートル以上離す。
⑤道路からの外壁後退距離を定める。
⑥建物のデザインを統一する。
⑦外壁の色について基準を設ける。
⑧建築基準法の建ぺい率・容積率よりも厳しい基準を設ける。
⑨敷地を分割するときの最低限度を定める。

こうして見てみると、建物のデザインや色について自由に建築したいと考える人や、建ぺい率・容積率を限界まで利用して建築したい方には、協定の拘束力によって思ったような建物が建てられないということになります。

また、最低面積が協定で定められている場合は、土地を規定より小さく分けることができないので、十分注意が必要です。

建築協定は、定められた区域内の土地を購入した方すべてに効力が及びます。つまり、その地域の土地を購入した人は、協定内容を守らなければならないのです。

ここまで読んで、「建築協定があるのは面倒くさい地域なんだな」と思う方もいるかもしれませんが、協定にはメリットもあります。

それは**建築協定を結ぶ地域の方は、住環境に対しての意識が非常に高い**という点です。住みよい環境を重視している方にとっては、むしろ良好な物件と巡り合えるチャンスかもしれません。

市街化調整区域では建物が建てられないことが多い

~買ってから建てられないことが分かった、なんていうことにならないように~

◆「市街化区域」や「市街化調整区域」とはどういうエリアなのか

土地は都市計画法という法律でどのような街づくりをするのか決められています。都市計画区域内ではさらに市街化区域、市街化調整区域、非線引都市計画区域の3つの区域に分けることができます。

それぞれについて説明しましょう。

◎市街化区域

すでに市街化を形成している区域および概ね10年以内に優先的かつ計画的に市街化を図るべき区域です。**一般的に市街地に建物が建ち並ぶ地域は市街化区域**です。

ほとんどの方がマイホームを建てる土地を購入するのは、市街化区域内にある土地だと思います。この市街化区域では12の用途地域に分けて建物用途や規模などの制限が設けられています。

用途地域は次の表のように、住宅用の地域から工業用の地域まで、細かく分けられています。

用地用途の種類

住居系	
第一種低層住居専用地域	低層住宅の良好な住環境を保護するために定めた地域です。基本的に一戸建てのエリアでマンションは3階までです。小中学校などは建てられます。
第二種低層住居専用地域	主に低層住宅のための地域です。小中学校などのほか、150㎡までの一定のお店などが建てられます
第一種中高層住居専用地域	中高層住宅のための地域です。病院、大学、500㎡までの一定のお店などが建てられます。
第二種中高層住居専用地域	主に中高層住宅のための地域です。病院、大学などのほか、1,500㎡までの一定のお店や事務所など必要な利便施設が建てられます。
第一種住居地域	住居の環境を守るための地域です。3,000㎡までの店舗、事務所、ホテル等は建てられます。
第二種住居地域	主に住居の環境を守るための地域です。店舗、事務所、カラオケボックス等は建てられます。
準住居地域	道路の沿道において、自動車関連施設などの立地と、これと調和した住居の環境を保護するための地域です。
商業系	
近隣商業地域	近隣の住宅地の住民に対する日用品の供給を行うことを主たる内容とする商業その他の利便を増進するため定める地域。住宅や店舗のほかに小規模の工場も建てられます。
商業地域	商業その他の利便を推進する地域。銀行、映画館、飲食店、百貨店などが集まる地域です。住宅や小規模の工場も建てられます。
工業系	
準工業地域	主に環境悪化をもたらす恐れのない軽工業や工場のサービス施設等が立地する地域です。危険性、環境悪化が大きい工場のほかは、ほとんど建てられます。
工業地域	工業の利便性を推進する地域。どんな工場でも建てられます。住宅やお店は建てられますが、学校、病院、ホテルなどは建てられません。
工業専用地域	どんな工場でも建てられますが、住宅、お店、学校、病院、ホテルなどは建てられません。

例えば第一種低層住居専用地域では高い建物が建てられないので、日照が確保しやすいというメリットがありますし、周りが住宅ばかりなので、閑静な住宅地に住みたいという方にはお勧めです。

◎市街化調整区域

次に市街化調整区域ですが、こちらは市街化を抑制している区域です。

市街化調整区域では、**原則として、建物を建築することができません。ですから、この区域内の土地を購入する場合は、注意が必要です。**

ただし、絶対に建物を建てられないのかというと、そうではなく、例外もあります。

例外として建物が建てられるケースに、開発許可を受けている、農家の住宅、既存宅地など挙げられますが、行政によって規制されている内容が異なりますので、建物を建てることを前提として市街化調整区域の物件を購入するつもりなら、売買契約を結ぶ前に、必ず建築できるかどうか、行政の窓口で聞いておきましょう。

また、市街化調整区域内に建物の建築をする際は、電気・ガス・水道などのライフラインが現状どうなっているのか、建築する際のトータル費用はいくらぐらいになるのかも聞いておきましょう。

市街化調整区域は、周辺に建物が建っていないことも多いので、ガス管や水道管などのライフラインの整備がされていない地域も多いからです。

ガス管や水道管を新たに引き込んでくると、予想外の出費になる可能性があります。

また、道路の舗装整備もされていない地域も多いので、必ず現地に行って確認する必要があります。

◎非線引都市計画区域

市街化区域にも市街化調整区域にも指定されていない区域です。法律的には、「区域区分が定められていない都市計画区域」と言います。

非線引都市計画区域も建物を建築することができますが、電気・ガス・水道などのライフラインは自分で負担して引かなければならないところもあります。

また、非線引都市計画区域では用途地域を定めることができるので、購入する地域が用途地域が定められた土地なのか、定められていない土地なのかは確認しておきましょう。

近所に嫌悪施設（墓地、ドブ、工場など）がある

〜墓地や工場だって気にしない人もいれば、桜の木にいる毛虫が苦手な人も〜

◆墓地に接している土地を買う場合は、墓地の所有者を確認しておこう

隣や近くに嫌悪施設がある土地はどうでしょうか。いわゆる嫌悪施設にもいろいろとありますが、そういった施設が近くにある土地は、相場より安く購入できることが多いようです。

その施設が気にならなければお得と考えられるものもありますが、人体に影響のあるものも存在します。一生に一度の買い物ですので慎重に考えて下さい。

◎墓地

近隣に墓地がある土地は、相場より土地の価格が安くなる代表例です。墓地から想像するものは、見える人には見えるようですが、特に気にならなければ問題はありません。で

すから、気にならない方にとってはお買い得な土地と言えます。

ただし、購入する土地が墓地と接している場合は、お墓の土地所有者が誰なのか、きちんとチェックしておくべきです。墓地の土地の多くはお寺が所有していますが、墓地によっては個人名義で共有になっているものもあります。しかも、古くからある墓地で、登記簿に載っている所有者は亡くなっている人が大半――ということもあるのです。

こういう土地を買って、将来、売却することになったとき、境界を確定するために、隣地の所有者とコンタクトを取らなければならなくなったらどうなるでしょう。登記上の所有者は亡くなっている人が大半で、お墓を継承する人（祭祀承継者《さいししょうけいしゃ》と言います）もいないと、所有者探しに苦労することになるかもしれません。

◎ドブ

ドブが近くにある物件も多く存在します。まず考えられるのは臭いの問題です。夏場は特に気になるものなので注意が必要です。また、ボウフラ（蚊の幼虫）もわきやすく、蚊が多くて大変苦労している方もいました。

◎工場

工場にもいろいろと種類がありますが、気になるのは騒音や大気汚染の問題です。土曜日や日曜日に内覧会に行ったときは気にならなかったので購入して住んでみたら、平日は思っていたよりうるさかった、土曜日も工場が操業していて、休みなのに朝からトラックが通り、うるさくてゆっくり休めないという話も聞きます。

工場周辺は空気が悪いことも多く、引っ越して来たらぜんそくになったという方もいました。

また、工場跡地の場合には、土壌汚染にも注意しましょう。購入を検討する際には、昔の住宅地図や登記事項証明書などを遡って利用状況を確認してみるといいでしょう。

工場やガソリンスタンドはニュースでも目にすることから、土壌汚染については注意されているようですが、クリーニング店も、使用する薬品によっては土壌が汚染されるケースがあります。

◆一見、よさそうに思える土地、でも、こんな問題も……

◎植栽・大木

嫌悪施設とは言えませんが、意外なもので注意しておきたいのは、植栽や大きな木です。近隣に大きな庭を持つ地主がいて、庭にはうっそうと植栽や巨木が茂っているようなケースを思い描いて下さい。

秋になると、近所の落ち葉が自宅の敷地内に入ってきて困っているという相談を何度か受けたことがあります。掃除が大変という話から、屋根の雨どいが落ち葉で詰まったなど、思いがけない問題が出てくるようです。ご近所だから文句も言いづらいし、定期的に庭の手入れもしてくれない、と困っている人もいました。

また、桜の並木道沿いの物件を買った人の中には、落ちる花の掃除が大変、桜の木に毛虫が付いて困った、花見の季節になると花見客にゴミが投げ込まれるなどの問題を抱えている人もいました。

植栽が多い街並みは「綺麗でいいな」と思いがちですが、住んでみたら大変なこともいろいろとあるのかもしれません。

高低差のある土地は不適格擁壁と盛土に注意

～一般的に盛土は切土に比べて地盤が弱い～

◆擁壁を作り替えるために何百万円もかかるケースもある

高低差のある土地に設置してある擁壁《ようへき》についても注意が必要です。

擁壁とは、宅地を造成する時に土砂が崩れるのを防ぐために設けるコンクリートやブロック等の構造物のことです。

2メートルを超える擁壁を設置する場合は、建築基準法で確認申請を提出することが義務付けられています。

しかし、法律が施行される前に築造されたもの、確認申請をしていないもの、検査済証のないものが見受けられます。

このようなものを不適格擁壁といい、老朽化したものについては倒壊するなどの危険性があります。

現地において確認すべき点は、擁壁にひび割れなどがないか、目地に上下のずれなどはないか、擁壁が傾いていないか、たわんでいないかなど、目視で確認してみましょう。

また、擁壁には水を逃がすように水抜き穴を設けています。この水抜き穴がないと排水機能が低下するので倒壊の原因となります。

重要事項説明書で擁壁についての記載がない場合は、不動産業者に調査してもらい、確認申請及び検査済証の交付を受けた擁壁なのか確認しましょう。

また、擁壁が必要な土地では、崖地条例や宅地造成規制法などの規制により、擁壁を新しく施工する、または補強工事を行う、もしくは崖地の部分から何メートルか離して建物を建築するなどの指導が入る可能性があります。

擁壁を作り変えるのに何百万円も費用がかかるケースもありますし、崖地部分から何メートルか離して建築するという条件も、後退して残った土地では建築できるスペースがない場合もあります。

◆大規模に盛土した地域は、外見からは判別がつきにくい

また、土地を造成する方法として、盛土や切土をするケースがあります。

盛土とは土を盛って造成すること、切土とは地山を削って造成することですが、一般的に**盛土は切土に比べて地盤は弱い**とされています。盛土の土地では、崖崩れや地すべりなどの災害が発生する危険性も十分考えられるのです。

大規模な盛土については、外見では判断が難しいので自治体によっては、大規模盛土造成地マップを公表しています。

このマップを参照すると大規模に盛土造成された地域が把握できますので、購入地が該当するかどうか確認することができます。

大規模盛土造成地に該当するからといって地震時にそこが滑動崩落する場所であるとは限りませんが、参考までに取得してみることをお薦めします。

都市計画道路予定地は買わない方がいい？

～建築制限があるとはいえ、お買い得なの？～

◆都市計画道路予定地には、計画決定したものと事業決定したものの2種類がある

物件探しをしていて、「土地の一部に都市計画道路◎◎線が計画決定されています」などという記載を見たことがありませんか。

重要なことなので業者側には告知する義務があるのですが、このように記載されていても、何を意味するのか分からない方も多いのではないでしょうか。

都市計画道路とは、都市計画法により都市の健全な発展と機能的な都市活動を確保するために定められた道路のことで、道幅を拡幅したり、新しく通したりすることが決められたものです。

都市計画道路は、次の2つのステップを踏むことにより事業が進められます。

計画決定　将来、道路を拡幅したり、新たな道路を通すということが決まった段階です。事業に着手する時期などはまだ具体的に決まってはいません。

⇧

事業決定　実際に工事に着手することが決まった段階。土地収用や立ち退き交渉、実際の道路の築造工事に取りかかるため、新たに建物を建築することは原則としてできません。

計画決定した段階では売買することができますが、都市計画道路の予定地には建築できる建物が制限されてしまいます。原則として、木造、鉄骨造、コンクリート造などで、2階以下の、地下室のない建物しか建てることができません。

このような制約を受けるため、価格は近隣相場より少し安く購入できることが多いです。

難しいのは、計画決定してから何十年も事業決定とならない土地もあるという点です。所有する全ての土地が事業決定になってしまえば、引っ越しを余儀なくされますし、一

都市計画道路図の例

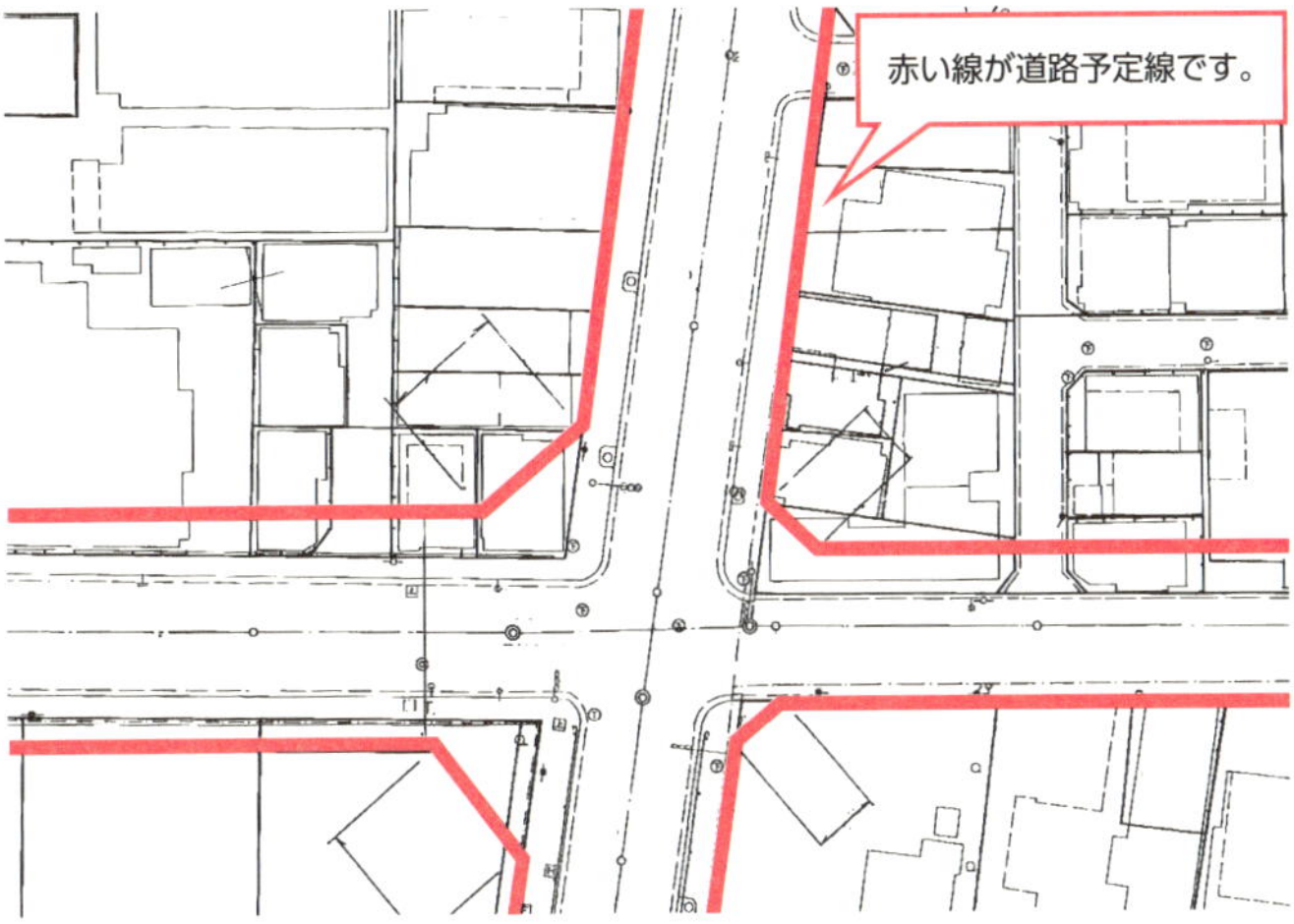

部が計画道路であれば土地の一部分を道路に提供することになります。

ただし、事業決定して立ち退きになれば、補償料が支払われます。

住んでいる土地が対象になった方に話を聞きましたが、相場より高い金額の補償料が支払われたとか、ハウスメーカーなどで新築の家が建つぐらいの補償料が支払われたということで、損をしたという感覚はないようです。

金額はケースバイケースのようですが、補償金を狙って、あえてこうした土地を購入する方もいるようです。

ただ、このように投機的な目的で購入する方は別として、マイホームとして率先して計画道路予定地を購入する必要はないと思います。

なぜなら、事業決定すれば、ある程度の期間内に立ち退きしなければならなくなります。個人の都合で自由に引っ越せるというわけではありません。

それに、長く住めば、土地に対する思い入れも深くなってくるものです。周りの方との人間関係も形成されてきます。都市計画道路予定地と知って住んでいた方でも、いざ事業決定になった時にはビックリする方も多いようです。

第3章

敷地と道路について知ることも大切

家が建たないこともあるから

1坪、2坪は当たり前、公簿面積と実測面積が異なる土地

〜登記簿に記載された面積を信用し過ぎてはいけない〜

◆公簿面積と実測面積は異なることが多い

売買契約書などを見ると、売買される土地の面積の記載には、公簿面積と実測面積の2つの種類があるのに気付くと思います。「公簿面積」というのは、登記事項証明書（登記簿）に記載されている面積で、「実測面積」とは、実際に測量した面積です。

誤解してはいけないのは、登記簿に記載された公簿面積が常に正しいわけではないということです。

私は現在、土地家屋調査士として測量業務を行っていますが、測量をすると土地の面積の多くが公簿面積とは異なります。1平方メートル未満の微々たる誤差もありますが、なかには20坪（約66平方メートル）以上も登記簿の地積より減歩（減少）した土地もありま

境界確認書サンプル

境界確認書

田中一郎（以下甲という。）と高橋二郎（以下乙という。）とは、土地の境界に関し平成27年○月○日現地において立会し、次のとおり確認した。

1．境界を確認した土地の表示

甲の土地　　練馬区下石神井九丁目245番6

乙の土地　　練馬区下石神井九丁目245番7

2．甲及び乙の境界の状況

別紙測量図朱線のとおり

以上のとおり甲及び乙は、それぞれの教会を確認したことを証するためこの確認書2通作成し、各自その1通を保有する。

平成27年△月△日

甲　　住所　　練馬区下石神井九丁目43番3号
　　　氏名　　田　中　一　郎　㊞

乙　　住所　　練馬区下石神井九丁目43番4号
　　　氏名　　高　橋　二　郎　㊞

※注）1．本書確認内容は、相続及び売買等により権利に変更が生じた場合においても当事者の地位は継承するものとする。

2．本書と添付の実測図面とは合綴し契印する。

境界確認書図面サンプル

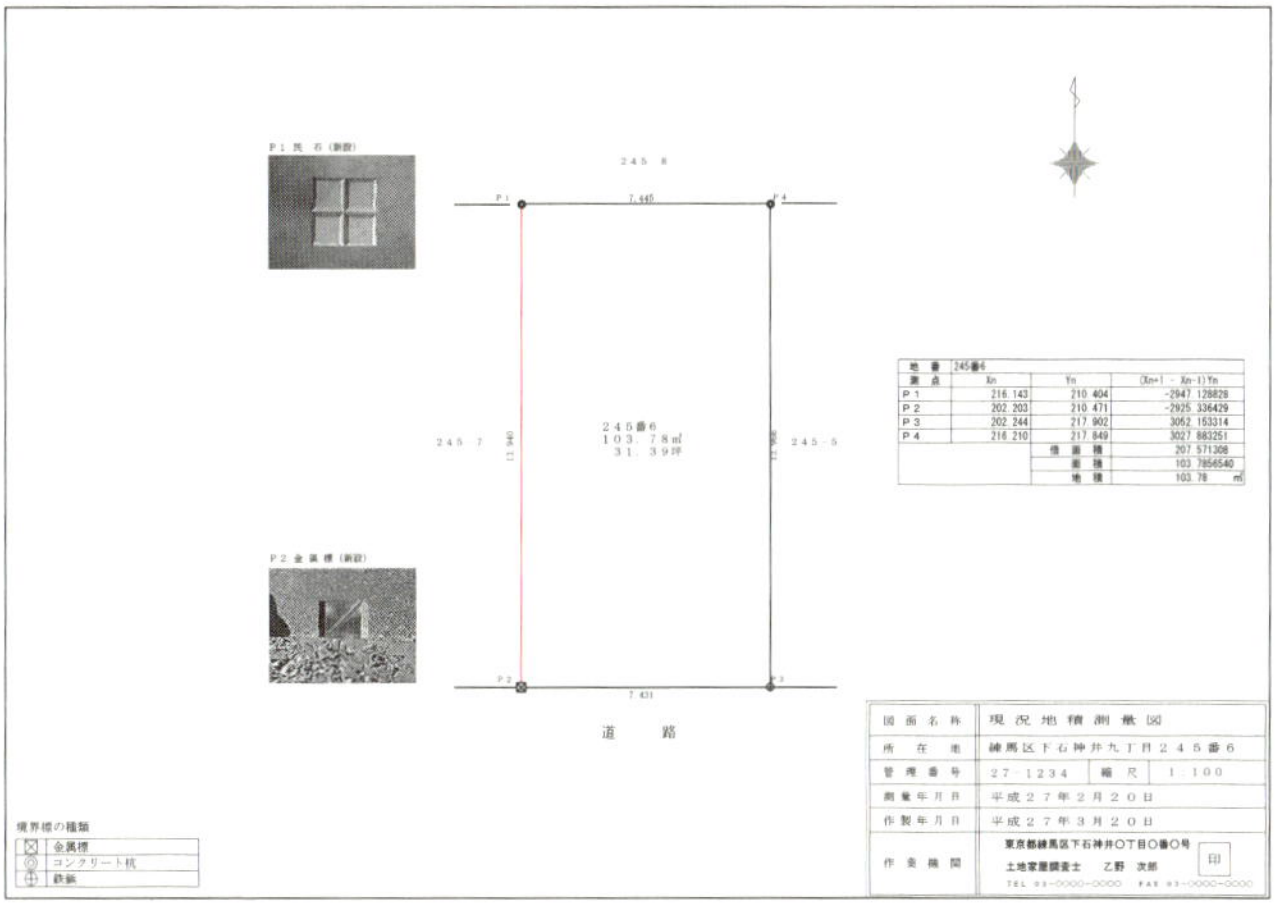

した。公簿面積で売買することの危険性がお分かりいただけるのではないでしょうか。

売買する時は、売主が境界確定測量を行った上で買主に引き渡すのが、境界トラブルにならずに売却する方法です。「境界確定測量」とは、その土地と接している土地の全ての所有者と境界立会を行い、境界確認書に境界について異議がない旨の承諾印を受領することで土地の面積を確定させる作業をいいます。

ただし、境界確定測量の代金は高額で、期間も2〜4か月ぐらいかかることから、公簿面積で取引されることもあります。土地の単価が安い地域では、境界確定測量を行うと売買代金がほとんどなくなってしまう物件もあり、不動産業者もケースバイケースで公簿面積による売買と実測面積による売買を使い分けているようです。


購入者が境界に関する書面としてチェックすべきものは、境界確認書と地積測量図です。地積測量図については、後述（237ページ）を参考にしてみましょう。

また、境界標の種類にもコンクリート杭、金属標、鋲など、いろいろな標識があります。図面で表示されたとおりの境界標が設置されているか、現地で確認しましょう。

地中埋蔵物について確認しておきたいこと

～地中埋蔵物の処理費用は思ったよりかかる～

◆建物を建てるのに邪魔になるものが埋まっていることがある

「土地の隠れたる瑕疵《かし》」というものが何か、分かりますか。

古い一戸建て住宅を売る予定のある方や、古家が建っている土地を土地の値段だけで買う予定の方はチェックして欲しい項目です。

建物は築年数が古くて値段は付けられず、土地の値段のみで購入したり、売却したりする場合、売買契約書には次のような内容が盛り込まれることがあります。

この契約条項、一読しただけで意味が分かりますか。

（瑕疵担保責任）
売主は買主に対し、土地の隠れたる瑕疵についてのみ責任を負い、建物の隠れたる瑕疵については責任を負わない。買主は売主に対し、土地の隠れたる瑕疵により、売買契約を締結した目的が達せられないときは引渡し完了日から3か月以内に限り、売買契約を解除することができる。

「建物についてはそもそも値段がタダなので、売主は責任を負いません。でも土地については何か問題があれば売主が責任を負います」という意味です。

さらに、「建物を建てる目的で土地を買ったけれど、土地に何か埋まっていたりして建物が建てられないようなときは、買主は契約を解除できる」という意味のことも書いてあります。

建物を解体して土地を掘削していると、古井戸や浄化槽、ガラ（コンクリートの塊など）、ゴミなどが出てくるケースがあります。こうしたものが出てくると、解体費用や処理費用がかなり高額になります。

ちなみに私の実家が売却する際にガラが出てきたのですが、ガラの撤去代として建物解体費用以外に30万円ほど請求されました。

そうした予想外の金額が、売主に請求される可能性があるということです。売主としてはまさに寝耳に水です。

そして、買主にとっては、「引渡し完了日から３か月以内に限り、売買契約を解除することができる」とあるのですから、土地に隠れた瑕疵があれば、引渡しから３か月以内なら契約を解除できるけれど、それ以降は契約解除できませんよ、という意味ですから、引渡しから３か月以内に建物が建てられる土地かどうか確認すべきということになります。売主の多くは、土地が売れたら売買価格のほとんどが懐に入ると喜んでいるかもしれませんが、売買代金のうち、手元に残るのがいくらになるかは最後まで分からないので注意が必要です。

特に買替えを検討している方は、売却価格が下落することで購入する新居の予算にも影響する可能性があることを頭に入れておきましょう。

土地の中に埋蔵文化財が埋まっていたらどうする？

～文化財が見つかったら建築が2～3か月遅れる～

◆文化財が埋まっている土地には、いい面と悪い面がある

地中からまれに出てくる埋蔵文化財はどうでしょうか。

建物を解体して土を掘り起こしていたら、骨？　貝塚？　遺跡？　——実はこれ、喜んでいる場合ではありません。

土地を掘削していて遺跡などが見つかると、役所に届け出なければなりません。

何が困るかというと、遺跡調査が入ることになるため、数か月は工事に着手できなくなることです。

お金を借りて土地を購入し、金利を払っているのに、ちっとも工事が進まないという不測の事態が待っています。また、完成まで仮住まいに住み、家賃を支払っている場合は、

工事の遅延により家賃の支払期間が延びることは言うまでもありません。

文化財などの埋蔵物が見つかるのは、運が悪かったと思うほかありません。

それは困る、というなら、文化財の埋まっている土地を避けて購入するしかありません。

実は、近隣の土地から文化財が出土している付近は、文化財が出土するケースが多いのです。

埋蔵物の出土が多い地域は役所で「埋蔵文化財包蔵地」として把握しています。

この埋蔵文化財包蔵地になっていると、工事に着手する前に届け出をしなければならないなどの規制があります。

ただ、ものは考えようで、埋蔵文化財包蔵地であるということは、古くから先人たちがその土地に住んでいたということです。

昔の天災対策は、現在からみれば万全のものではありません。ですから、**先人たちがその土地に住んでいたということは、その土地の安全性が担保されていると考えることもできる**のです。

「セットバックあり」は、使えない土地があるということ

～道路中心線からの後退か、道の反対側からの後退か確認しよう～

◆セットバック対象地は有効敷地面積で取引する

「セットバック」（道路後退）という言葉を聞いたことがある人も多いと思います。

これは、幅の狭《せま》い道路を一定の幅に広げるため、土地の一部を道路として提供しなければ建物を建てられないということです。

このような道路を建築基準法42条2項道路（みなし道路）といいます。

道路幅が狭いところもあれば、後退した部分は広がっていたりするガタガタな道を見たことのある方も多いのではないでしょうか。

99ページの図を見て下さい。これは認定4メートル道路なのに実際は3.5メートルしか道路の幅がない場合を想定したものです。現状の道路の中心線から2メートル後退するよう

に指導された場合、25センチメートルを道路として提供しなければなりません。

間口が10メートルだったら、面積にして2.5平方メートルを道路に提供する形になります。この道路に利用される面積を**道路後退面積**、残りの建物が建築できる面積を**有効敷地面積**と呼ぶこともあります。

セットバックがある土地で、道路の反対側が水路や崖地、線路などの場合、道路の反対側から4メートル後退させるよう指導される場合もあります。これは将来的に水路や崖地、線路部分の後退が困難なためです。

幅員が3.5メートルの道路の反対側から後退するケースでは50センチメートル分の土地を道路に提供しなければいけなくなり、間口が10メートルだったら、5平方メートルも道路に提供することになります。

気になる土地にセットバックする土地がある場合は、具体的に道路中心線からの後退なのか、道路の反対側からの一方後退なのか、役所の担当者に確認しておきましょう。

土地を売買する場合、セットバックが必要な土地であれば、有効敷地面積で売買すると覚えておきましょう。実際に建物を建てられる面積で売買するのは当然ですね。

建物を建てる時の建ぺい率および容積率も有効敷地面積で計算されます。

このため、道路後退部分をあらかじめ想定していないと、思っていたより小さい建物しか建てられないなどの問題が発生します。

ちなみに、道路として土地を提供しても道路部分の所有権を失うわけではありません。

一般的には、道路として提供した部分を使用貸借（無償で貸すこと）、寄付するなどの方法があります。

道路中心からのセットバック

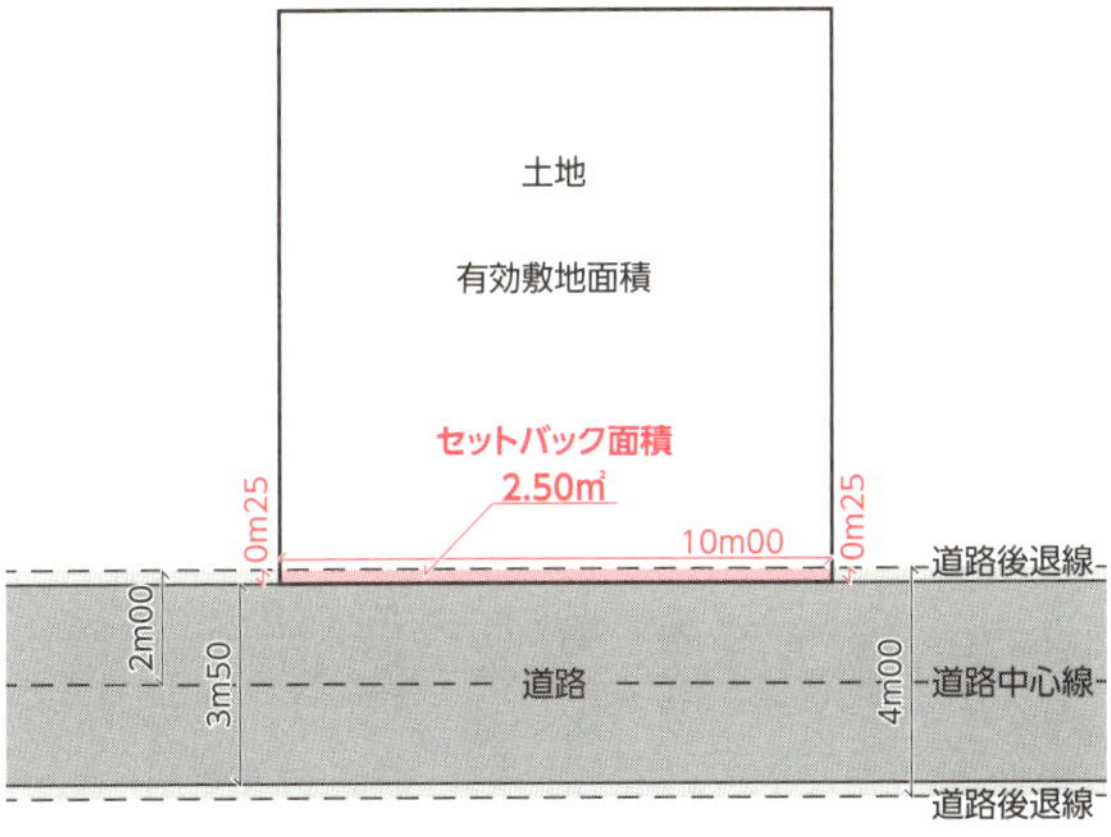

道路の反対側からのセットバック

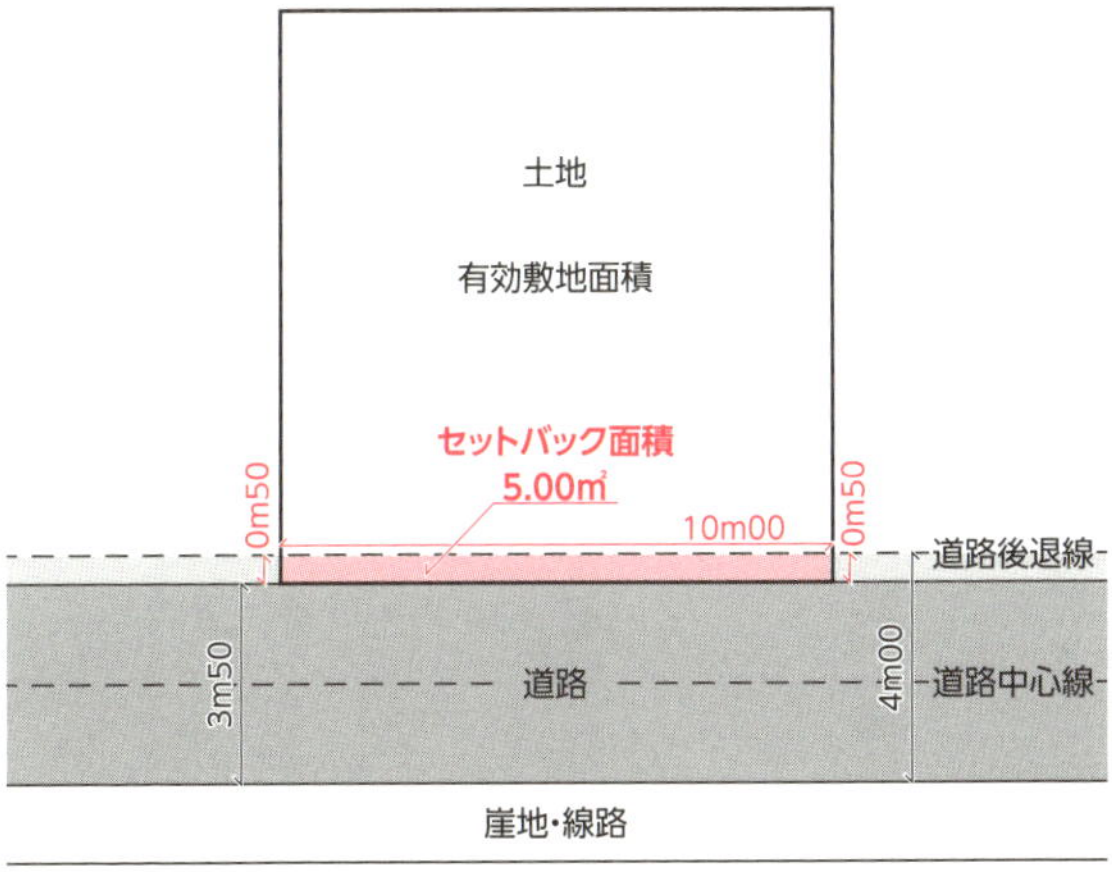

道路に2メートル以上接していない土地が安い理由

～建築基準法42条の道路と、43条但し書き道路って？～

◆相場より安く買えることが多いが、将来売るときには苦労するかも

土地に接する道路の種類はとても重要です。

原則として、建築基準法第42条で規定されている幅員が4メートル以上の道路に2メートル以上接していないと建物を建てられません。

この原則の例外として、**建築基準法第43条の但し書きに規定されている道路（単に「但し書き道路」と言うこともあります）**があります。

これは、接道のない土地でも、その敷地の周囲に広い空地を有する建築物その他の国土交通省令で定める基準に適合する建築物で、特定行政庁が交通上、安全上、防火上および衛生上支障がないと認めて建築審査会の同意を得て許可を得たものについては建物を建築することができるというものです。

よくあるのは、道路が私道で位置指定道路（第42条1項5号）になっていない通路扱いのものが該当します。

「但し書き道路により、私道の所有者の承諾があれば再建築ができる」という条件の土地が実際に売りに出されていたことがあるのですが、このような土地、あなたなら購入しますか？

よく考えてみて下さい。私道の所有者の承諾があれば再建築ができるということは、裏を返せば、私道所有者の承諾が得られなければ再建築できない土地になってしまうということです。

この土地は、売買においても「道路所有者の承諾が得られ、建築確認の許可が得られたら購入する」という条件が付され、建築確認が得られなければ白紙撤回する旨が特記事項に記載されました。

買主が融資を受ける場合は、金融機関の審査も通常の不動産より厳しくなることは覚悟しなければなりません。

このような土地は、相場よりも安く購入できることが多いのですが、売却する時には手間と労力がかかるケースが多いのです。建物を建てられるかどうか分からない土地は、一般的には買い控える方が多いからです。

当然、買主は工務店などの業者に限定されてしまいます。業者も他に買う人が少ないことは百も承知していますから、希望の値段で売買することは難しいでしょう。

「建築基準法上の道路に2メートル以上接していない土地」や「但し書き道路」は買いやすい値段で出ていたとしても要注意です。

建築基準法上の道路とは

建築基準法による道路の種別・名称	道路幅員	建築基準法上の種別・呼称
道路法による道路（国道・県道・市道等）	4m以上	第42条1項1号
土地区画整理法・都市計画法その他の法令による道路（開発道路等）	4m以上	第42条1項2号
建築基準法第3章の規定が適用されるに至った際、現に存在する道路	4m以上	第42条1項3号
道路法・都市計画法その他の法令による事業計画のある道路で特定行政庁が指定した道路	4m以上	第42条1項4号
土地所有者等が築造し、特定行政庁からその位置の指定を受けた道路（位置指定道路）	4m以上	第42条1項5号

原則として、これらの道路に2m以上接していない土地には建物を建てられません。

ただし

例外として、建築基準法第43条の但し書きに規定されている許可を受けた道路（単に「但し書き道路」と言うこともあります）について、一定の条件の下で建築基準法上の道路に接したものと同様に取り扱うことができるものがあります。

接道が2メートルに満たない土地を近隣相場で売れるか

〜まずは不動産業者に相談〜

◆隣家から間口の土地の一部を購入したら近隣相場で売却できた

Aさんの土地は、次ページの図のように、道路に接している部分が1.8メートルしかありません。この土地のように、接道部分が2メートルない土地も実際に数多く存在しています。何度も書きますが、原則として、建築基準法上の道路（4メートル以上）に2メートル以上接道していないと建物は建てられません。

Aさんの物件は、現在は建物が建っていますが、その建物が古い上に、接道条件を満たしていないため、新しく建物を建てることはできない物件です。

こうした物件は再建築不可物件と言われ、買主が見つかりにくいという理由で、どこの不動産業者に相談しても、近隣の相場よりずいぶん安い見積もり金額しか出してもらえません。

再建築不可能物件から、建て替えが可能な物件へ

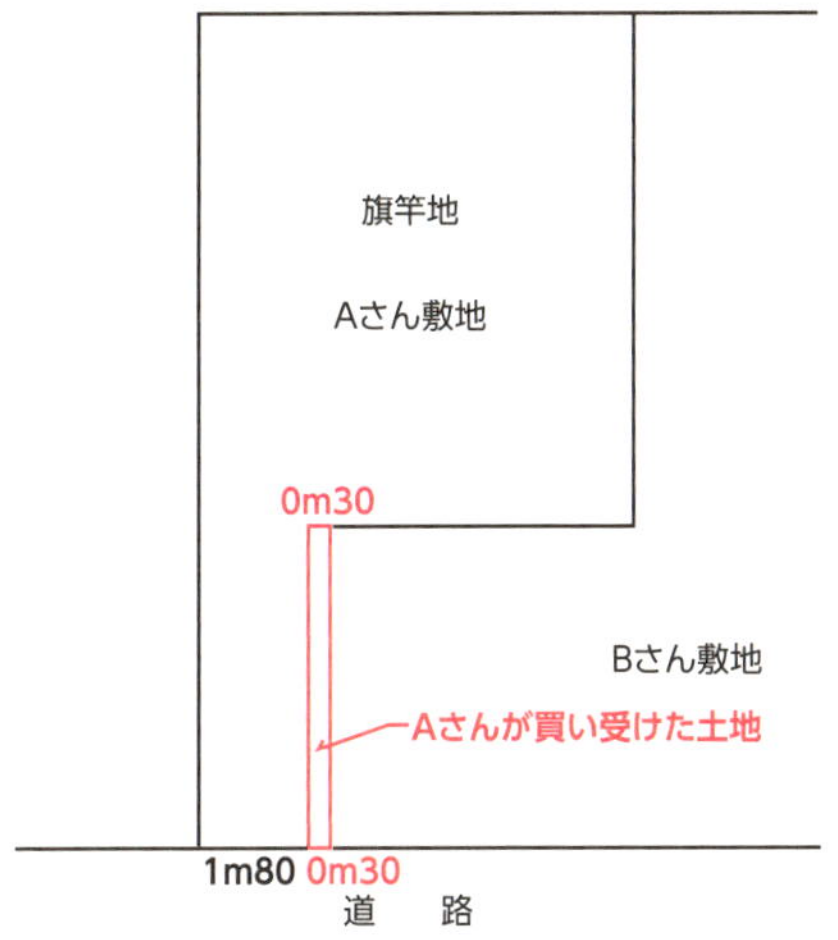

Aさんも、できれば近隣の相場の値段で売却したいと思っていますが、建物が建たない土地ではなかなか買い手が現れず、もしも売れたとしても二束三文の値段にしかなりません。

そこで、お隣のBさんから30センチメートル分の間口の土地を購入させてもらいました。

Bさんから土地を購入するには、土地の代金だけでなく、土地の測量代金、土地の分筆登記（購入する土地を分ける登記）の費用、所有権移転登記（BさんからAさんへの所有者の移転登記）の費用が必要になります。

Bさんに土地の一部を売ってもらうことで、Aさんは測量代金、登記代金は費用を負担しましたが、この30センチメートル部分の土地を購入できたことで間口が2メートル以上になり、再建築不可物件ではなく建て替えができる土地として、近隣相場と同じような価格で売却することができました。

もう一つの手段としては、隣のBさんに土地を買ってもらう方法もあります。

Aさんが間口に続く土地を購入するにしても、Bさんに土地を購入してもらうにしても、どちらにしても**隣の方が協力してくれるケースはまれですし、個人で交渉するのは金額面でトラブルになりやすいようです。ですから、こうしたケースでは不動産業者に相談**するのが賢明です。

敷地延長の土地は整形地より割安
～旗竿地のメリットとデメリット～

◆敷地延長部分は建物を建てるために使えないから

先ほどのAさんの土地ですが、道路に接している部分が細く、奥の土地が広い形をしています。このような、間口が狭くて奥が広い土地を旗竿地《はたざおち》といいます。図を見て頂ければ分かるように、土地の形が旗の形に似ていますよね。不動産業界では敷地延長《しきちえんちょう》、略して敷延《しきえん》と呼んだりしています。

このような土地は通路部分が多く、建物を建てるために使えない部分が多いという印象があります。

ただし、旗竿地にもメリットはあります。それは、不整形地（正方形や長方形ではない形の土地）なので、土地としての利用が難しくなるため、整形地より安い価格で売りに出されるという点です。

そして、不整形地の中でも、旗竿地なら、通路部分を駐車スペースにすることができます。そのように設計されて売りに出されている物件も数多くあります。家族で車を2台使用するなど、通路部分を有効に使えるなら、予算面で旗竿地はお勧めです。

また家屋が奥まって建てられるためにプライバシーが確保される点もメリットです。他にも、お子さんが小さいうちは玄関を飛び出しても安心できるといった声も聞きます。道路沿いの敷地でブロック塀などの構造物などがない場合、家の中の様子が丸見えになっているケースがありますが、旗竿地ではそのような心配も少ないのです。

ただし、人目につかないことによるデメリットもあります。それは空き巣などの防犯上の心配があるという点です。

この点には十分に注意して、建物が建っていない部分には防犯砂利（歩いた時に音が出る砂利）を敷いたり、人感センサーの照明や防犯カメラを設置するなど、防犯対策はしっかりしておきましょう。

また、一般的に旗竿地などの通路幅が狭い土地は、建物を新築する時または取り壊す時も工事代金が高くなる傾向にあります。資材の搬入や廃材を搬出する時、トラックが建物の近くまで入っていけないので、人手と時間を要するからです。

さらに、前項のように、接道面が2メートルに満たない場合は再建築ができないなどの大きなデメリットがありますので、この点にはとくに注意しましょう。

◆敷地延長の土地における駐車スペースの考え方

都心部の建売住宅でよく見かけるのですが、間口が狭く奥が広い旗竿地で、駐車スペースとなる間口の幅が狭い物件は数多く存在します。法律的には接道面が2メートル以上あれば建物を建てられますが、駐車スペースとしては間口が2メートルでは充分とは言い難いでしょう。間口の狭い物件では駐車できる車の種類が限られてしまい、スライド式ドアの軽自動車でないと乗り降りが難しい物件や、そもそも大型車は駐車できない物件なども現実にたくさんあります。

車の幅は、軽自動車が1・48メートル、小型車（5ナンバーや7ナンバー）は1.7メートルまでと言われています。駐車スペースの間口の寸法と車の幅は必ず確認しておきましょう。車のカタログで車幅を確認して大丈夫だと思ってはいけません。カタログの車幅はドアミラーの幅を考慮していません。

また、車から出入りするには車体幅に加えて70センチメートルは必要で（それでも少し狭いくらいです）、多くのスーパーマーケットなどの駐車場の幅は2.5メートルくらい取ってあります。

また、開閉式のドアの車では、少なくとも一方のドアがどれぐらい開くのか確認しましょう。

駐車スペースが足りているかどうかというのは、マイホームを購入する時に盲点になりがちです。購入希望の物件があるのなら、実際に車を駐車スペースに入れてみましょう。運転が苦手な方や、よく運転される方がストレスなく駐車できるか確認しておくと良いと思います。

車が入らなくて、車を買い替えるようなことになったら、大きな出費です。

また、駐車スペースには車だけではなく、自転車を駐めることも多いと思います。自転車を収納しても駐車スペースが十分確保できているかという点も、合わせてチェックしておきましょう。

「私道の負担」ないに超したことはない

～私道の注意点を確認しておきましょう～

◆私道部分も合わせての所有権移転登記を忘れずに

接する道路が私道の場合、重要事項説明書で「私道負担の有無・有」などと記載されているケースがあります。この私道負担とは具体的にどのようなものなのでしょうか。

私道を通らなければ家に入れない物件では、金銭を負担することがあります。名目は通行料、承諾料、私道負担金などさまざまです。私道負担○平方メートル・負担金○円と記載してある場合は、どういった内容のものなのか確認しておきましょう。

一般的には、売買において私道部分（道路部分）は無対価で取引されます。

これは建物の敷地と私道部分を含めて取引可能な土地であり、私道部分に所有権や持分を所有していないと、そもそも接道がない土地ということで、売り物にならないからです。

重要なのは、**私道部分の所有権や持分も、建物が建っている土地と一緒に所有権移転登記してもらうこと**です。

私道部分の所有権移転登記を忘れているケースがありますが、私道部分の所有権や持分が登記簿上でもはっきり確認できないと、売却する際には売り物になりません。

また、上下水道などを引き込む場合は、道路所有者の「掘削承諾」を得なければなりません。ライフラインの引き込みはお互い様なのであまり問題はないように思いますが、他の私道所有者の協力が得られないと道路の掘削一つにしても苦労します。

建物の取り壊しの際や新築工事の際にも私道に車両を置くことが多くなるため、他の私道所有者への挨拶も欠かせません。

接している道路が私道で、私道負担のある土地は、公道に接している物件より手間がかかると思っておいた方がよいでしょう。

道路に接していない土地の通路の問題

~隣地の住民が自宅敷地を毎日通るなんて~

◆公道に接していない土地に住んでいたらどうやって道路に出るか

土地にもいろいろあり、世の中には道路（公道）に接していない土地もあります。道路に接していない土地に住んでいる人が道路に出るためには、近隣の他の人の所有する土地を通らなければなりません。

民法210条では「他の土地に囲まれて公道に通じない土地の所有者は、公道に至るため、その土地を囲んでいる他の土地を通行することができる」と規定していますから、道路に接していない土地に住んでいる人は近隣の土地を通れるわけです。

ということは、公道に接していない土地の隣接地に住んでいたら、隣に住んでいる人が自分の敷地を毎日通るかもしれないということです。

袋地

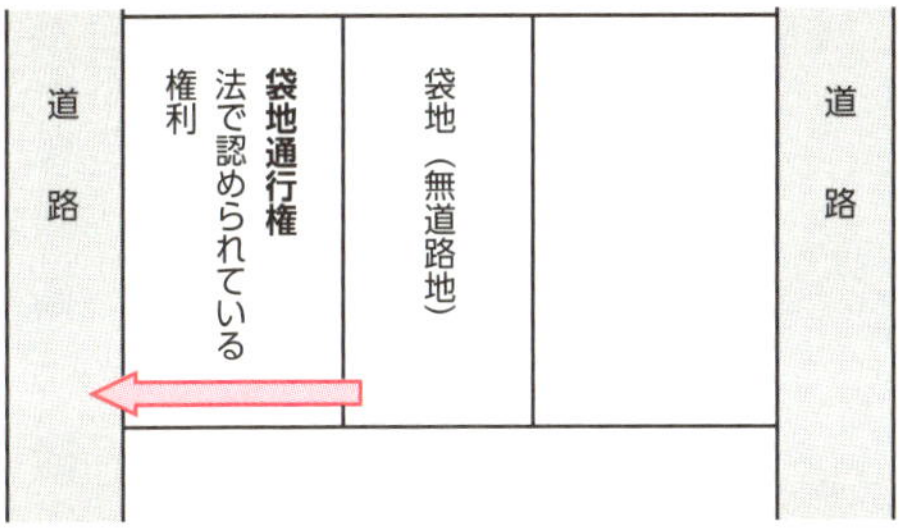

通行地役権

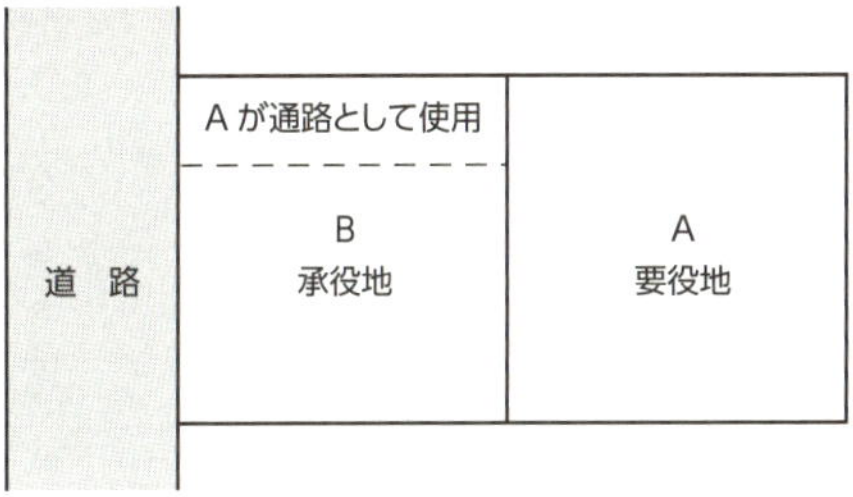

協定通路

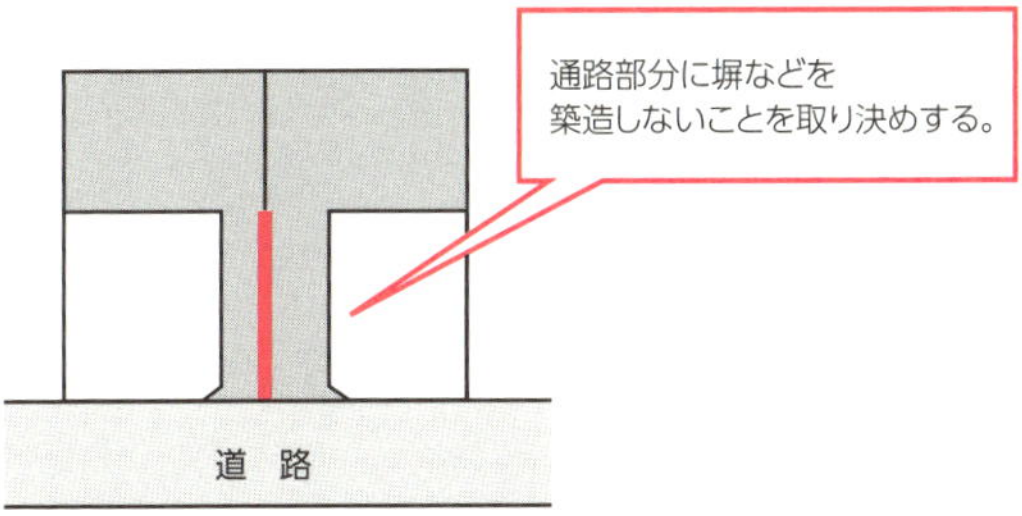

このような、**道路に接していない土地を袋地《ふくろち》と言い、袋地に住む人が近隣の土地を通って道路に出る権利を袋地通行権《ふくろちつうこうけん》**と言います。

この袋地通行権は、個々の土地で状況が異なることからトラブルとなることが多く、裁判でも数多く争われています。

トラブルの内容としては、まず袋地通行権が認められるかどうかということ。それから、どれぐらいの幅を通行してよいのかということ。

通る側にとっても通られる側にとっても、シビアな問題です。

自分の土地だけを通っても公道に出ることができない袋地や、隣地が袋地となっている土地では、トラブルが起きることが多いことを覚えておきましょう。

◆袋地通行権以外でも通路を利用する権利がある

当然ですが、他人の土地を通行するには利用する権利が必要になります。袋地通行権以外にも通路を利用する権利として、次のような種類があります。

◎通行地役権《ちえきけん》

地役権とは、設定することにより他人の土地を利用することができる権利です。

115ページの図のように、通路を利用する土地を要役地《ようえきち》、通路として提供する土地を承役地《しょうえきち》といいます。

この権利は、法務局に地役権設定登記を申請すると登記事項証明書にも地役権の旨が記載され、第三者に対抗できるものになります。

地役権設定登記は司法書士により申請されますが、土地の一部に地役権を設定する場合は図面（地役権図面）で特定することになるため、測量も必要になります。

◎賃借権

通常の賃貸借契約を結んで通路部分を利用するものです。

◎協定通路

115ページの一番下の図のように、隣りあった土地が旗竿地などで土地の間口が狭《せま》い場合に、通路部分にブロック塀などを敷かれてしまうと車の駐車スペースがなくなったり、駐車ができないなどの問題が生じます。そこで隣の人と「通路部分については、ブロック塀などを築造しない」などの内容を書面にして取り交わすものを協定通路といいます。

「協定通路」という言葉は広範な意味で使用されており、位置指定道路（建築基準法第42条1項5号）なども協定通路と呼ぶことがあります。

私的な契約の私道については、後々トラブルが生じる可能性もあるので、弁護士など専門家に相談してから購入するかどうか決めることをお勧めします。

水道管、ガス管が近所の敷地を通っている

～昔の細い口径の水道管では交換しなければならない場合もある～

◆隣地の地下を管が通っていたら建て替える時に引き直す

ライフラインであるガス管や水道管がどこから引き込まれているのかも確認して欲しいところです。

中古物件購入の際には特に注意が必要です。築年数が古い物件では、水道管などが隣地の地下を通って引き込まれているケースが見られます。

隣地の地下で水道管が破損したりしたら、隣地の方に迷惑をかけることになってしまいます。

このように、隣地の地下をガス管や水道管が通っている場合は、建物を建て替える際に前面道路から直接自分の土地に引き込み直すことになります。引き込む距離などにもよりますが、ほとんどのケースで数十万円の費用がかかります。

水道管が近隣の土地を横断して引き込まれているケース

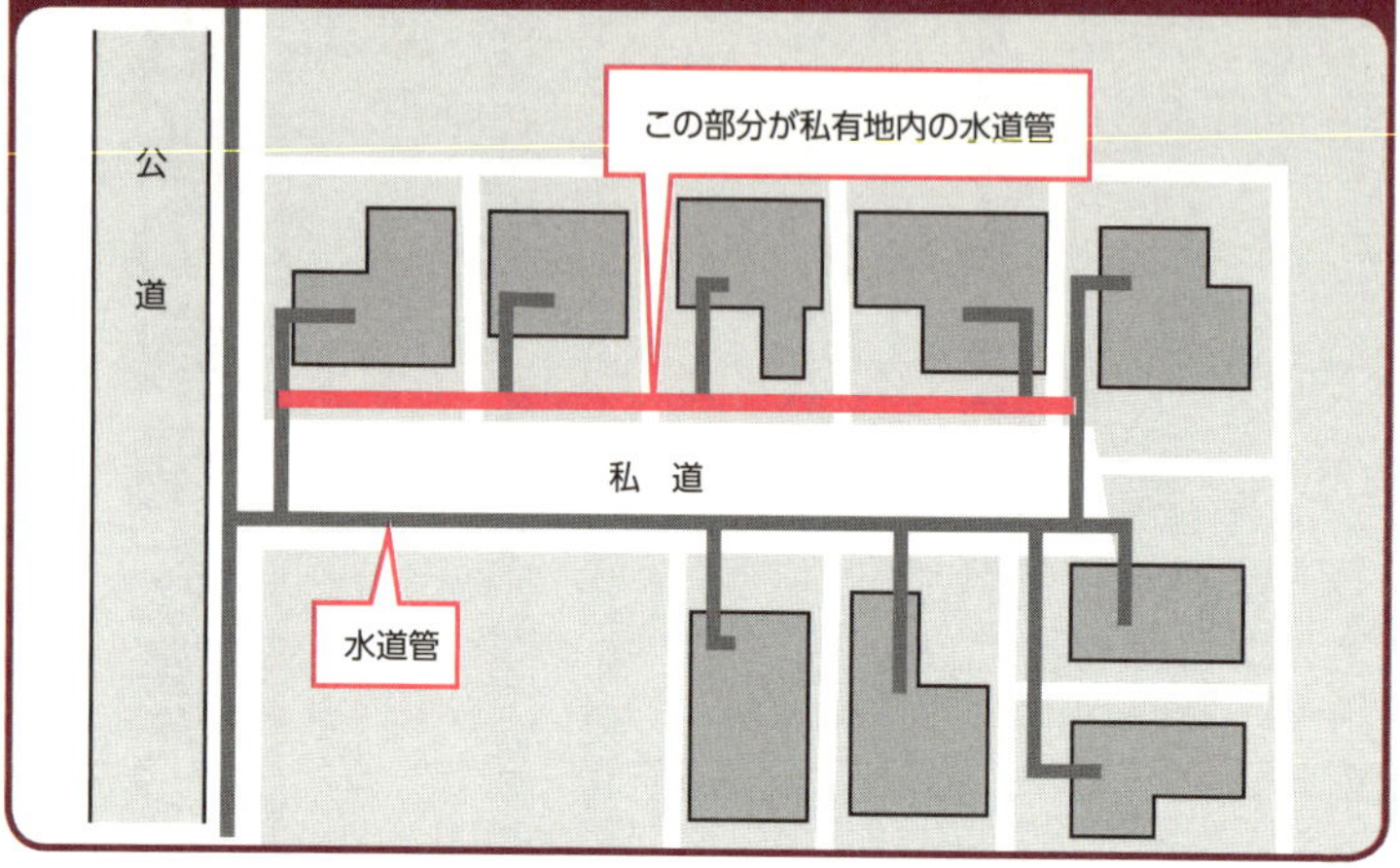

　また、昔の水道管は口径が13ミリメートルなどの細いものが使用されているケースも多いので、注意が必要です。現在は口径20ミリメートルは必要と考えておきましょう。

　図は近隣の土地を横断して水道管が引き込まれていたケースです。この前面道路は私道だったため、私道所有者の方に掘削承諾をいただき、水道管を引きなおしました。

　ガス管の配管状況も水道管同様に確認しておきましょう。隣地に越境して埋設されている場合、引き直す費用も事前に見積もっておきましょう。

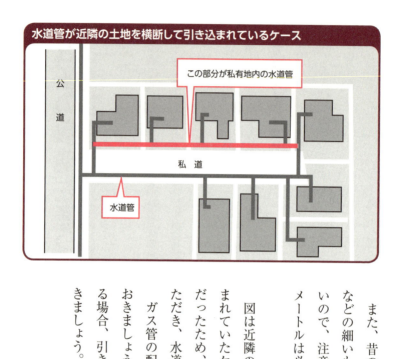

第4章

着工前に買う？　建物を見学してから買う？

新築の土地付き一戸建ては魅力がいっぱい

安かろう悪かろうとは言い切れない、最近の建売住宅事情

～費用が比較的安価で満足度も高い～

◆建売住宅のメリットは、なんといっても価格が分かりやすいということ

どうせマイホームを買うなら「注文住宅でオンリーワンのマイホームが欲しい」と考える方も多いようですが、すでに決められた建物を建てる状態や、すでに建物が建った状態の土地付き分譲住宅を購入する方も数多くいらっしゃいます。よく「建売住宅」と言われるものです。

ここではその「建売住宅」のメリットとデメリットをお話することにしましょう。

建売住宅といえば、少し前までは、ほとんど同じような外観や内装、使用するキッチンや浴槽などの住宅設備までそっくり同じものを使っていて、オリジナリティに欠けるものが多かったように思います。

しかし、最近では建売住宅でも個性あふれる物件が数多く見受けられます。

まず、建売住宅の魅力として挙げられるのは、**土地と建物をセットで販売しているので、予算が立てやすい**という点です。

予算が立てやすいという意味では、注意していただきたいことがあります。それは、建売業者が直販している場合は仲介手数料がかからないのですが、不動産会社などが販売を代理し、仲介している場合は、不動産会社に仲介手数料を支払わなければならないということです。

仲介手数料は、消費者の感覚から言えば決して安い金額ではありません。物件価格が4000万円の物件ならば、4000万×3%＋6万＝126万円。これに消費税を加えた額を支払うということです。

広告やパンフレットなどには販売形態が「直販」なのか「仲介」なのか、記載してありますので、確認するようにしましょう。

次に、実際に建っている建物を見て購入するかどうか決めることができるというのもメリットの1つと言えるでしょう。ただし、建売住宅といっても、建物が建つ前から売り出していることも多く、建物を建てる前に売買契約を結ぶこともありますから、必ずしも「見てから決める」というわけではありません。

他にも、その区画でコミュニティが形成されやすいというメリットもあります。新築のマンションなどでもそうですが、みんなが同時期に引っ越してくるので、ご近所付き合いがしやすい環境にあります。

そして販売価格もさほど差がないので世帯年収も近いことが多く、家族構成も近いことから子供を育てやすい環境ともいえるでしょう。

他にも、土地の境界標がきちんと入っているので、境界トラブルになりにくいというメリットもありますし、大型分譲地では統一された街並みになるので、景観が良いという特徴もあります。

◆建売住宅のデメリットは、駅から遠い物件が多いこと

何についても、メリットがあれば、デメリットもあります。

建売住宅のデメリットの代表は、できあがったものを買うので、工事の過程を見ることができないという点です。

また、建売住宅は相応の面積の土地が必要ということもあり、駅からのアクセスという意味では、不便な場所にあることが多いようです。最寄り駅から徒歩20分程度とか、バスを利用しないと、とても駅まで歩けないという物件も多いのです。

また、メリットとして挙げたことの裏返しですが、近隣の人と金銭感覚に差があったり、家族構成が周りとは異なっていたりすると、近隣のコミュニティにうまくなじめない可能性があります。人によっては「いじめられた」と思うようなこともあるようです。とはいえ、近所にどんな人が住んでいるかは、自分が住んでみないと分かりませんから、これはかりは物件を買う前に判断するのは難しいかもしれません。

また、契約済みになるまでは一般のお客さまが現地案内に入るなど、注文住宅にはないデメリットがあることも頭に入れておいて下さい。

デメリットがほとんど気にならないようであれば、比較的安価な建売住宅はお勧めの物件だと思います。

着工前ならどこまでプランを変更してもらえる?

~カラーチョイスから、設備機器等の変更まで~

◆着工前の購入なら、タイミングと業者次第でプラン変更が可能なことも

建売住宅の場合、建物が建った状態で購入するケースと、まだ建物が建っていない更地の状態で購入するケースがあります。

前者の「建物が建った状態」で購入する場合は、既にできあがっていますので、プランの変更などはできません。「どうしても」というなら、購入後に自分でお金を出してリフォームすることになります。

後者の「まだ建物が建っていない更地の状態」で購入する場合はどうでしょう。

基本的には大幅なプラン変更はできないと思った方がよいのですが、タイミングによっ

ては、床材やクロス、浴槽・キッチン・玄関ドアなど、お願いすれば変更できる可能性はあります。もちろん、使う予定だったものからグレードアップした場合、その差額は支払うことになりますが。

どこまで設備が変更できるかは、施工業者次第ですが、希望があるなら聞いてみましょう。柔軟に対応してくれる業者だったら、建売住宅でも自分好みの物件に仕上がると思います。

ただし、外壁の色を変えたいなどと思っても、景観法などに拘束されることもあり、大規模に建物全体を変更するのは難しいということもあります。

標準装備で付いてないこともある設備はこれ！

〜標準装備は会社によって違います〜

◆照明器具、カーテン、空調設備などは購入後に用意するのが当たり前だけれど……

建売住宅のパンフレットやチラシを見ていると、よく「標準装備」という言葉を目にします。しかしこの標準装備、建売業者によって実にさまざまです。

例えば、食器洗い乾燥機、床暖房、複層ガラスまで標準装備という業者もあれば、お値段はお手頃だけれど付いていないものが多いという建売住宅も存在します。

照明器具、カーテン、空調設備などは付いていないのも仕方ありません。これらは引渡しを受けてから、物件の購入者が好みのものを用意して付けるのが普通です。

けれども、網戸、シャッター、面格子、カーテンレール、物干し金物などが付いていない業者も実在します。

ここに挙げたようなものは、内覧しているときにチェックしない人も多く、あるかないかということに気がつかない人も多いようです。当然に装備されているものだと思っている人も多いのではないでしょうか。

引渡しを受けてカーテンを用意しようとしたらカーテンレールがついてなかった、シャッターを閉めようとしたらシャッターが取り付けられていなかった、窓を開けて網戸を締めようとしたら網戸がなかったなど、実際によく聞く話です。

聞いてみれば教えてくれるとは思いますが、網戸、シャッター、面格子、カーテンレール、物干し金物の設置工事などは、工賃も入ると思わぬ出費になります。

このように、**本来必要と思われる設備がオプション工事になっている場合には、それらも含めていくらになるのか、総額を出してもらう**ようにしましょう。

内覧会ではこんなところをチェックしよう

～意外なところに不具合があるかもしれないので、チェックは焦らず念入りに～

◆ただ見て回るだけではダメ、きちんとチェックしましょう

建物が完成後、引渡しの前に竣工検査することを「内覧会」といいます。

実際に建物ができあがっていますので、壁の内側などに異常がないかどうかは分かりません。

ほとんどの購入者は目視のみの点検になると思いますが、次の点に注意してチェックしてみましょう。

◎床・壁

フローリングや畳に傷などが付いていないか、また歩いてみて軋《きし》む音などがしないか確認して下さい。

床が水平かどうかは水平器を持参すれば確認できますが、そこまでやっている人はあまりいません。

クロス（壁紙）やフローリングにも汚れや傷が付いていないか、クロスに空気が入って浮いている箇所がないか確認します。

建売住宅の場合は、購入するまでに多くの方が建物を見学しているので、見学者がクロスやフローリングに傷を付けてしまう場合があるからです。

クロスやフローリングは引渡しの際にもチェックしておきましょう。クロスが破れていないか、フローリングに傷がついていないかを確認し、もし傷があった場合には写真に撮っておいて補修するようにお願いしましょう。

引渡しの時にチェックしておかず、引っ越しを済ませてから気がついたというのでは遅いのです。なぜなら引っ越しの際に傷を付けたのか、もともとの傷なのか、売主にとっては判断がつかないからです。

◎建具（窓、ドア、ふすま）

窓やドア、襖などの建具は実際に何度か開閉してみましょう。スムーズに開閉できるようであれば問題ありません。ドアについては開く方向（内開き、または外開き）があっているかも確認しましょう。

ドアストッパーも設置されているでしょうか。場所によってはストッパーがないと、壁や他の建具に傷がついてしまうので、きちんと確認しましょう。

収納の戸も、開けたり閉めたりしてみましょう。収納内部のクロスの傷などにも注意が必要です。

ハンガーパイプも水平に取り付けられているか確認します。収納内部は暗いことが多いので、懐中電灯を持参すると便利です。

◎浴室・洗面台・キッチン

水回り設備では、一度水を貯めてから流してみましょう。排水がしっかりできれば問題ありません。

また、キッチンや洗面台の下部を開くとトラップ（排水管）があるので、ここにも水漏れがないか確認します。

◎コンセント

照明用のコンセント（シーリング）の種類や個数も確認します。また洗濯機や電子レンジなどのコンセントについても確認しておくと便利です。

以前に使っていた照明器具が使えなかったり、使えると思って買ってきた照明器具が付かない、などということがないように注意しましょう。

◎外壁・基礎・外構

外壁や基礎については、ひび割れや傷などがないか確認します。外構（門扉、塀、カーポートなど）についても不具合がないか確認します。

また、境界標も亡失していないか、きちんと確認しましょう。

すべての項目で不具合が見つかった箇所については、写真に収めて補修した後に再度確認しましょう。

内覧会が引渡し前の最終チェックになります。時間をかけて慎重にチェックするようにしましょう。

また、住み始めてからも建物の不具合などは出てきます。業者とはアフターメンテナンスで長く付き合うことになりますので、買う前から対応が悪い業者からは買わない方が賢明です。

第三者の住宅検査はやるべき？

～物件のチェックは素人にはできない部分が大半だから……～

◆公認ホームインスペクターの検査はおすすめです

新築一戸建てを購入する時に気になるのは、この物件は欠陥住宅ではないか、手抜き工事をされていないかという点ではないでしょうか。手抜き工事とまで言えるほどではなくても、建築・不動産業は「クレーム業界」と言われることもあるほどで、ちょっとした不備は多く存在します。

クレーム業界と言われることもあるのは、たくさんの業者が完璧な仕事をして、初めてクレームのない家に仕上がるためです。

地盤調査業者、地盤改良業者、基礎業者、鳶《とび》、大工、電気・ガス・水道業者、内装業者、外構業者など、完成までに出入りする業者は、一般の方には想像がつかないくらい数が多いのです。

そして、基礎工事にしても配筋工事をしてからコンクリートを流す工程がありますが、この配筋がしっかりされているか、配筋のサイズは合っているか、コンクリートの強度が保たれているかなど、物件のチェックは素人にはできない部分が大半を占めます。

そういうこともあって、ご自身のチェックだけでは心許ないという方には、第三者による住宅検査をおすすめします。**公認ホームインスペクター（住宅診断士）**という資格者がいますので検討してみましょう。費用は、公認ホームインスペクターが所属する会社によっても、どこまで調査を依頼するか、建物の規模などによって異なります。

多少の出費をしても、欠陥住宅を掴まないよう、購入前や、内覧会の時などに第三者の検査をお願いしておけば安心して住むことができるでしょう。

屋根付きカーポートは建ぺい率オーバーに注意しよう

～ベランダの後付け屋根にも要注意～

◆建ぺい率オーバーにならないように注意

「建ぺい率」という言葉をご存知でしょうか。敷地に対して、建物を建てることができる面積が占める割合のことです。容積率とともに、地域ごとに細かく設定されています。

建売分譲住宅の場合、建ぺい率をオーバーして建物を建てることはまずありませんが、建物面積が建ぺい率オーバーにならないギリギリの範囲に収めている物件はよくあります。特に地価の高いエリアに建てられた建売住宅では多いようです。

建売分譲住宅の場合ではありませんが、屋根付きカーポートを完了検査前に設置したことによって、完了検査が通らないことが何度かありました。

建築基準法では屋根付きカーポートの形状によっては、建ぺい率に算入することとなっ

建ぺい率、容積率とは

建ぺい率

建ぺい率とは、敷地面積に対する、建物を建てることができる面積が占める割合のことです。

$$\text{建ぺい率（\%）} = \frac{\text{建築面積}}{\text{敷地面積}} \times 100$$

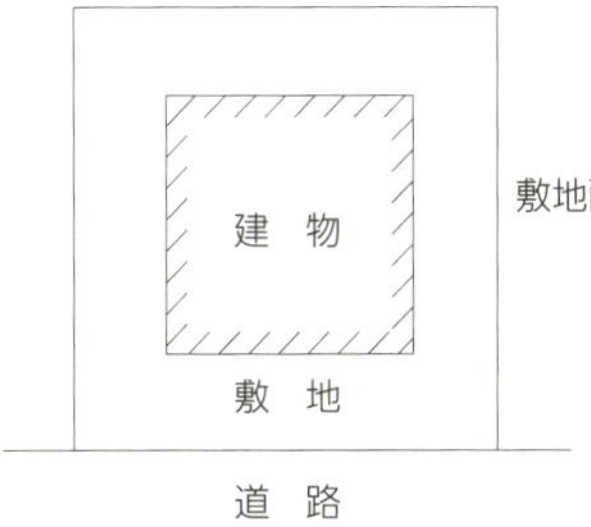

敷地面積200㎡、建ぺい率60%の場合
200㎡×60%＝120㎡

容積率

容積率とは、敷地面積に対する、建築延べ床面積の割合のことです。

$$\text{容積率（\%）} = \frac{\text{延べ面積}}{\text{敷地面積}} \times 100$$

＊延べ面積＝1階＋2階の床面積

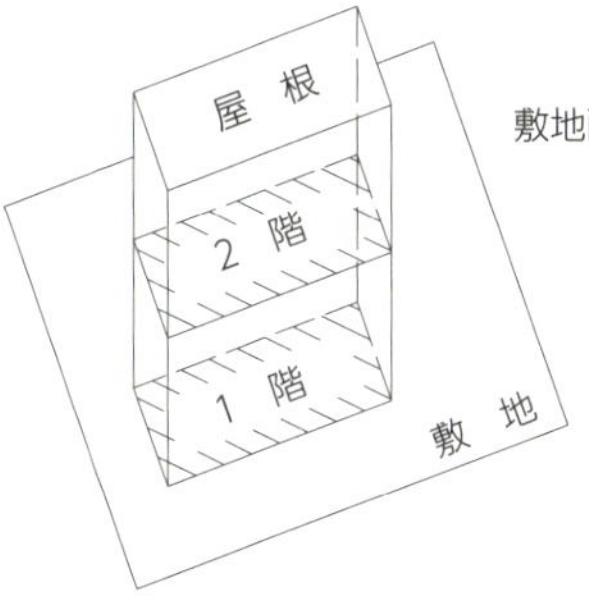

敷地面積200㎡、容積率200%の場合
200㎡×200%＝400㎡

ています。完了検査前に屋根付きカーポートを設置したことにより、建ぺい率がオーバーして違法建築物扱いになってしまうのです。

完了検査を通らないということは、検査済証が発行されないことになります。検査済証がなくても、生活する上で困ることはないのですが、売却する際には問題になることがあります。というのも、金融機関によっては完了検査を通っていない建ぺい率オーバーの物件にはローンの融資をしないところもあるようです。金融機関が融資をしてくれなければ、購入者はキャッシュで買える方に限定されてしまいます。こうしたことから、売り手がつきにくいという理由で、近隣相場より値段が下がるケースが多いようです。

屋根付きカーポートの他にも、**ベランダに屋根などを付けたり、場合によっては物置なども建ぺい率に算入する**ことになります。

売却する時に取り外すつもりの方もいるようですが、そのために出費があることは間違いありません。

念のため、設置したい場合は、事前に設計会社に設置する旨を伝えておくことをお勧めします。

第5章

新築よりトクという人もいるけれど……
リスクの高い中古の土地付き一戸建て

もしも災害に遭ったら、逃げられるのか
～その建物、築何年ですか？　老朽化していませんか？～

◆建築確認申請書・確認済証・検査済証・登記事項証明書などで新築年月日を確認する

中古物件を探している方は、昭和56年以前か、以降かという「建築年次」にも注意した方がよいでしょう。

次ページの上の図表は、建築年次別の建物全壊率です。木造とその他の構造とに分けて記載してありますが、昭和56年以前の家屋の倒壊率が高いことが分かるのではないでしょうか。これは昭和56年に耐震基準が大きく改正されたことが要因となっています。

では、建物の建築年次はどこで調べられるのでしょうか。

一つは建築確認申請書・確認済証・検査済証です。これらの書面は建物を建築する際に役所に申請したり、役所から発行されたりするもので、施主（建築主）が持っているものです。

建物全壊率

地震と建物被害

	木造建物全壊率（%）			非木造建物全壊率（%）		
震度	昭和34年以前	昭和35～55年	昭和56年以降	昭和46年以前	昭和47～55年	昭和56年以降
5強 (5.0～5.4)	0	0	0	0	0	0
6弱 (5.5～5.9)	0.3～9.7	0.2～5.9	0～0.9	0.2～2	0.2～4	0～0.4
6強 (6.0)	17.7	10.6	1.5	3.1	2.6	0.6
6強 (6.1)	28.9	17.4	2.7	4.8	3.9	1.0
6強 (6.2)	42.7	26.6	4.4	7.2	5.8.	1.5

出典　川口市地震ハザードマップ

建築台帳記載事項証明書の例

様式第2号（第4条関係）

建築台帳記載事項証明書

建築物等に係る台帳に下記のとおり記載されていることを証明します。

記

建築主氏名	株式会社○○○　代表取締役　乙野二郎	
敷地の地名地番	○○市○○町1丁目123－1の一部	
主要用途	一戸建ての住宅	
工事種別	新築	
延べ面積	申請部分の面積	100.00 ㎡
	申請以外の部分の面積	0.00㎡
	合計面積	100.00 ㎡
建築物の階数	地上　2階	
建築物の主たる構造	木造	
確認済証番号	第　H27SHC100000号	
確認済証公布年月日	平成27年○月○日	
検査済証番号	H27SHC200000　号	
検査済証公布番号	平成27年○月○日	
備考欄		

（注）この証明書は建築物等に係る台帳に記載されていることの証明であり、現存する建築物等についての権利関係及び建築基準関係規定に適合していることを直接証明するものではありません。

証明年月日　平成27年○月○日
証明番号　第○○○○号

○○市長　甲野太郎　印

ただし、古い物件などではこれらの書類を失くしてしまうこともあるでしょう。

検査済証などを見ることができない場合は、**建物の登記事項証明書（登記簿）**を確認してみましょう。登記事項証明書では「原因及び日付欄」に「昭和〇年〇月〇日新築」といった記載があり、建物の新築年月日を知ることができます。

ただし、この方法も、ほとんどの建物は登記されていると思いますが、物件によっては所有者が登記をしていないこともあります。

建築確認書類もなく、登記もされていない場合には、役所で**建築台帳記載事項証明書**（前ページの下）を取得してみましょう。

この証明書では、建築物等の確認等の概要として、受理または発行の年月日等が証明されていますので、建築確認や工事完了検査を受けているか否かを知ることができます。

建築台帳記載事項証明書は手数料を払えば、誰でも取得することができます。

「既存不適格」の建ぺい率、容積率オーバー物件

～広告では、大事なことは小さな文字で書いてある～

◆建築当初は法律を守っている建物だったのだけど……

建築した当時は建築基準法を遵守して建築されたものの、建築基準法の法改正により現在は建ぺい率や容積率がオーバーになった物件を既存不適格物件（既存不適格建築物）といいます。

建物を建て替える時には、現行法による建ぺい率・容積率を守らなければならないので、以前より小さい建物しか建てられないことになります。

このような物件が実際に売り出されているのを目にすることは多くありますので、チラシや広告に「既存不適格」の記載があれば注意が必要です。

なぜ注意が必要なのかというと、住宅ローンを組んで購入しようとしても、金融機関が

融資してくれないことがあるからです。既存不適格物件を検討している場合は、しっかりと融資してもらえるかどうかを確認してから購入を決めましょう。

また、住宅ローンが組めないことがあるという理由で、買う人が限られることから、将来売却する時には、近隣の相場より安い価格でしか売れなかったり、なかなか売り手がつかない可能性もあります。

しかし、世の中にはこうしたリスクのある既存不適格物件をあえて購入する方もいます。一般の購入者が手を出しづらいのを逆手に取って、安く購入して、既存の建物をリフォームして住むのです。

この場合は、現状の建物の大きさをそのまま利用できるメリットがあります。将来のリスクを理解して住むなら、お買い得な物件と言えるかもしれません。

勘違いしてはいけないのが、**既存不適格建築物と違法建築物はイコールではないという点です。**

違法建築物は、合法に建物を建築した後、役所の許可を得ずに増築などをしてしまったケースです。もちろん当初から建築基準法の規定を守らずに建築してしまったものも同様です。

違法建築物の場合は、金融機関の融資はかなり難しくなると思って下さい。

事故物件は10～50％程度安く買える？

～気にならない人ならかなりお得？～

◆自然死より、凶悪事件の方が安くなる

事故物件とは、自然死や自殺、殺人事件などがあった物件です。心理的瑕疵物件《しんりてきかしぶっけん》とも言われます。

こうした事故物件は、気にしない方であれば、相場より安く物件を購入できることが多いのです。事故物件は、近隣相場より10～50％程度安く売り出されることが多いからです。

事故物件の価格は、想像できると思いますが、凶悪事件の方が安くなります。概算ですが、次の価格が目安と考えられます。

自然死――通常価格の90％
殺人――通常価格の70～80％

火事——通常価格の50～70％

当然、不動産業者には契約前に説明義務があり、買主にはきちんと告知しなければなりません。

「事故物件だと知っていたら買わない」という方が多い中で、近年では事故物件を専門に扱う業者もいます。興味がある方は探してみてはいかがでしょうか。

お買い得なのは築20年前後の注文住宅

～仕様がよく、まだまだ使えるのに土地代＋αで購入できる～

◆中古の建物の査定には耐用年数を採用している

中古物件の価格はどのように決められているのでしょうか。いろいろと方法はありますが、類似する近隣不動産の取引事例の値段を参考に決めるのが一般的です。

土地については、類似する近隣不動産と相違する部分に加減率を乗じて算出しています。建物については耐用年数表に記載のとおり、構造別に耐用年数が決められています。この耐用年数は主に減価償却費の算出などに利用されますが、中古物件の査定の際にもこの耐用年数を参考にして算出されています。

例えば築年数20年の木造家屋の場合、耐用年数22年ですから残存期間は2年間と考えます。

耐用年数表（国税庁）

構造・用途	細目	耐用年数
木造	住宅用のもの	22年
木造モルタル造	住宅用のもの	20年
鉄骨鉄筋コンクリート造・鉄筋コンクリート造	住宅用のもの	47年
れんが造・石造・ブロック造	住宅用のもの	38年
金属造	住宅用のもの	19年・27年・34年

このように考えると「土地代＋α」で中古物件を購入することができるわけです。

中古物件を査定する際にどの会社で施工されたのか、どのぐらいのスペック（床暖房、浴室内テレビ、複層ガラスなど）なのかはあまり値段に反映されていないのが実情です。

注文住宅であれ建売住宅であれ、築年数が同じなら値段も大差はありません。

主要構造部分においては専門家のチェックをお願いするべきですが、せっかく購入するのであれば築年数20年前後の注文住宅がお勧めです。

将来、いくら使うことになるのか

~安く買ったがリフォーム代が余計にかかったケース~

◆古い建物のリフォーム代は思ったよりかかることが多い

リフォーム代金が多くかかるのは、建物の主要構造部に欠陥がある場合です。主要構造部とは柱、梁、床、屋根などを指します。

築40年の家屋付きの物件を購入したAさんは、購入前に雨漏りをしたことがあることは前の所有者から聞いていたのですが、雨漏りした際に修繕を行い、それ以降は不備もなく使用していたということだったので、たいした問題ではないと思っていました。

ところが、購入して2年後、以前に修理したのと同じ箇所から雨漏りがあり、修繕しなければならなくなってしまいました。この修繕にかかった費用は110万円です。

中古の建物なので覚悟はしていたようですが、「思っていたより早く雨漏りして、出費が痛かった」と嘆いていました。

Bさんも、木造の古い家屋付きの土地を購入したのですが、購入した後になって、建物の基礎、柱までシロアリに食われていることが分かりました。

シロアリに柱などを食べられると、耐震強度が不足してしまうことがあります。Bさんの購入した物件もそうだったのでリフォームを検討したのですが、リフォーム費用は、古い家屋を取り壊して新しい家を建てる費用とさほど変わらなかったのです。

建物付きで安く買えたと喜んでいたら、リフォーム代に多額の費用がかかってしまったという、本末転倒なお話です。

主要構造部に欠陥があると、修繕している期間、他に住む場所も確保しなければならないケースもあります。賃貸物件を借りれば家賃もかかり、家計を圧迫します。

こうならないよう、中古物件の購入を検討されている方は第三者であるホームインスペクターの住宅検査をお勧めします。売主の理解は必要になりますが、購入前に見てもらっておけば安心して購入できるのではないでしょうか。

塀やフェンスの所有者は誰？越境物はないか？

〜買う時に初めて知った……ではなく、買う前に確認しておこう〜

◆キレイな建物にそぐわない塀でも新しくすることができないなんて

新築やリフォームを機に、古いブロック塀や門柱などの外構を綺麗にしたいと思う方も多いようです。しかし、既存の古いブロック塀などが、お隣の方が築造したものであれば、勝手に取り壊すわけにはいきません。

境界標が設置されていない場合、ブロック塀などが隣接する土地の境界をまたいで設置されているケースがあります。そういう塀は、前から住んでいる隣の方が取り壊して新しいものを設置する意思がない以上、新しいブロック塀をつくるのはあきらめざるを得ません。どうしてもという場合には、現在設置されているブロック塀の内側に設置することになり、土地を有効に利用するという観点からは外れてしまいます。

こういったことは、買ってから問題になることがとても多いケースです。

土地を購入する際は、境界標がブロック塀のどの面に設置されているのか必ず確認しましょう。

もしも、隣地が所有するブロック塀が自分の敷地に越境している場合には、既存のブロック塀を取り壊し、新たに設置してよいか、お隣の方に相談して下さい。

また、ブロック塀どころではなく、隣地の建物自体が越境しているケースもあります。境界標が亡失していて、隣地との境界にブロック塀等の築造物が設置されていない場合などは、隣地所有の物置や室外機、建物の庇《ひさし》などが越境しているケースもあります。越境物が邪魔になり、予定していた場所に建物が建築できない場合もありますので、注意が必要です。

こういったケースでは、購入者が直接隣地の所有者に交渉してもよいのですが、不動産仲介業者に間を取り持ってもらいましょう。すぐに取壊しや移設まではできないとしても、将来建て替える時などに備えて覚書書などを取り交わしておくとよいでしょう。

引っ越して早々近隣とトラブルになるのは避けたいところです。このあたりはプロの力を借りて円満に解決できるようにしてもらいましょう。

第6章

あこがれの注文住宅と、建築条件付き土地を契約するときの注意点

注文住宅の場合、予算は少し抑えて伝えること

～トータルで予算オーバーになりやすい～

◆最初は「安い建物でいい」と考えていたのに……

注文建築の際に注意して欲しいのは、トータル金額です。

マイホームは一生に一度の買い物なので夢が大きく膨らみがちです。でも、本当に住宅ローンを支払っていけるのかを冷静になって考えて下さい。建築会社に予算をたずねられたとき、少し予算を抑えて伝えるのが基本です。

実際に注文建築をされた方に聞いてみると、大半の方が、当初の予算よりオーバーしています。

その理由としては、「設計担当者と話をしているうちに、インテリアなどまで当初のものよりグレードアップしてしまった」「3階建てを検討していて、親と同居するので、エレ

ベーターを設置することにした」など、当初考えていたものよりグレードアップしたり、オプションを付けている方が多いと実感しました。

あるお客さまは、当初の予算より600万円も多く費用をかけてしまったと聞きました。

一方で、ハウスメーカーなどの営業マンは、お客さまから聞いた予算額は「8割ぐらい」だと考えています。建築するお金以外に貯金を持っていると考えているからです。

建築費用の総額が大きくなればなるほど自分の成績につながりますから、50万円でも100万円でも200万円でも多い金額の契約を取りたいものです。

また、バカにならないのが外構工事費用です。

外構工事というのは、敷地のまわりに設置されているブロック塀、門柱、カーポートなどの工事です。この外構工事費用だけで100万〜200万円以上もかかる場合があります。

建物の本体価格だけに目が行ってしまいがちですが、外構工事にも費用がかかることを忘れないようにしましょう。

この点を考慮して、建物にかける予算は、最初は予算の8割ぐらいで交渉してみるといいと思います。

また、エレベーターや、ホームセキュリティなど、メンテナンスの保守費用や、ランニングコストがかかるものもあります。こうしたオプションは、購入後にも費用がかかるといったデメリットまで教えてくれると親切な営業マンだと言えるでしょう。

◆注文住宅のメリット

注文住宅は当初の予算よりオーバーしやすいことを説明してきましたが、だからと言って注文住宅を否定するつもりはありません。

ちなみに注文住宅のメリットは、次のようなものです。

①自分の好きな外観や内装の建物が建てられる
②建物が完成するまで何度も打ち合わせを重ねて決めていくので、思い入れのある物件に仕上がる

③地鎮祭や上棟式など、家を建てている充実感を得られる
④工事途中の経過が見られる

予算に余裕があれば、やはり注文住宅で建ててみたいと思います。自分好みの家で毎日を過ごすのは、とても幸せなことですね。

建物を建てるならプランに納得してから契約しよう

～契約後のオプション工事はほとんど値切れない～

◆見積もりには、付帯工事費用やオプション工事が含まれているか確認しましょう

注文住宅の総額は、本体価格＋付帯工事代金＋オプション工事代金＋諸費用＝総額となります。

それぞれどのような内容のものか、ご説明します。

①本体価格

建物本体の価格です。坪単価〇万円という表記は、本体価格を示しているものが多いのです。

ただし、この坪単価の表記も、業者によりさまざまです。延べ床面積で計算している業者もあれば、施工床面積で計算している業者もあります。

②付帯工事代金

四角い建物ができても、それだけでは生活できません。そこで、建物に付随する工事として、付帯工事が必要になってきます。

付帯工事としては、電気、ガス、水道の引き込み、仮設、地盤改良、外構などの工事が挙げられます。

地盤改良工事などは土地によってはいらないケースもありますから、付帯工事の費用は土地の条件によって変わりますが、総費用の約15～20％を目安にしたらよいと思います。

③オプション工事

キッチン、洗面台、浴槽、コンセント増設、収納の増設などがあります。車が電気自動車の場合は駐車スペースにも充電設備が必要になります。

とくに、キッチン、浴槽、洗面台、床材、クロスなどの設備は、少しずつグレードアップしがちです。トータル費用が膨らむ原因になりますので、予算にはくれぐれも注意しましょう。

オプション工事も業者によりさまざまで、付帯工事費用と思うものがオプション費用に含まれているケースもあります。

④諸経費

設計費、構造設計費、申請費、検査費、登記費用などがあります。
この他、土地に古い家が建っているのを取り壊す場合には解体費用も必要になります。

トラブル回避のためには、最初にプランを立ててもらう段階で、建てたいと思っている建物の要望について細かく伝えることです。そして総費用がいくらになるのか見積もってもらいましょう。
また、実際に住んでから追加工事が多いのは、収納スペースを増やすことだそうなので、収納スペースが足りているかも、よく考えておくといいですね。

登記面積が固定資産税の基礎となることを覚えておこう

～ちょっとした工夫で固定資産税が安くなることもある～

◆設計次第で安くなるケース

ここでは建物の設計のやり方次第で固定資産税を節税できる方法をご紹介します。特に注文住宅を検討している方は知っておくと便利な知識です。

土地と建物を購入すると、固定資産税という税金を毎年納めなければなりません。そして、固定資産税は法務局で登記された床面積に基づいて算出されています。

登記された床面積＝固定資産税の基礎となる床面積ということになります。

この点を踏まえて、これからいくつか固定資産税が安くなる設計方法をお伝えします。

◎収納スペースについて

荷物はなかなか片付かないし、住むにつれて増えていくものです。なるべくうまく収納スペースを確保したい、多く収納スペースを取りたいと思っている方も多いと思います。

そういう方に覚えていて欲しいのが、天井の高さ1.5メートル未満の地階および屋階等（特殊階）は、床面積に算入しないという不動産登記法での考え方です。

代表的なものが小屋裏収納です。

天井高が1.5メートル未満の小屋裏部分は床面積に算入しませんが、それより高い場合、小屋裏部分は全て床面積に算入（算入部分は固定資産税が課される）ことになります。

◎車庫について

不動産登記法の建物認定基準をまず頭に入れておきましょう。

「建物とは、屋根及び周壁又はこれに類するものを有し、土地に定着した建造物であって、その目的とする用途に供し得る状態にあるものをいう」となっています。

車庫の周壁の考え方では「建物の一部を車庫としている場合において三方を壁により囲まれたものは建物の一部として床面積に算入するが、二方のみ壁に囲まれたものにすぎな

小屋裏収納

小屋裏収納は天井高1.5メートル未満なら床面積に算入しない。

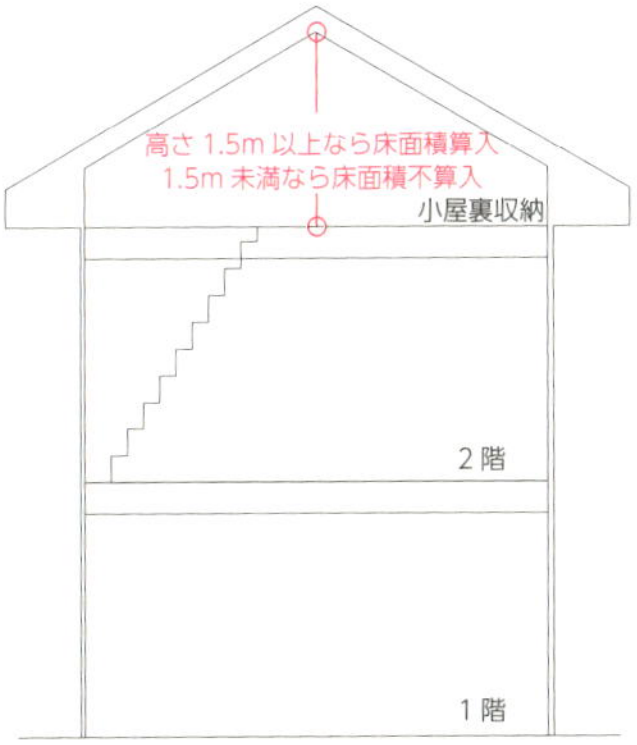

高さ1.5m以上なら小屋裏収納部分が課税対象
1.5m未満なら課税対象外となる。

車庫

車庫は二方が壁に囲まれていなければ床面積に算入しない。

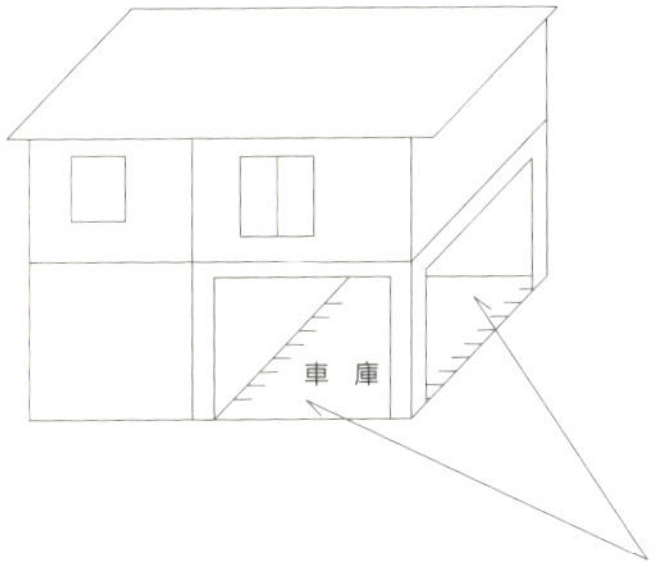

図のように、
二方向に壁を設けなければ
登記面積には算入しない。

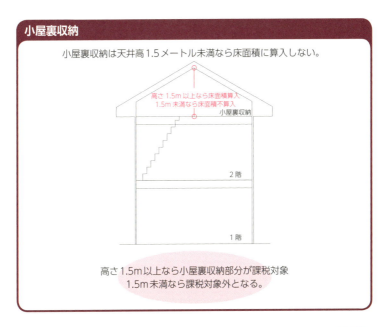

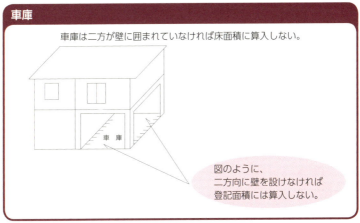

いものは建物の床面積に算入しない」としています。

つまり、三方に壁があるなら車庫部分は床面積に算入（課税）し、壁が二方なら算入しない（課税されない）と考えることができます。

ただし、二方を壁にすることにより耐震性が落ちることも想定されますので、設計担当者に相談してみましょう。

地域によっては、床面積に算入しない場合でも、雑工事などの名目で、固定資産税を課税していることがあります。

◎物置について

日用品を入れるような物置も、設置方法によっては登記面積に算入するケースがあります。それは**物置の基礎部分を固定してしまっているもの**です。

車庫のところで建物の認定基準を説明しましたが、屋根および周壁というのは物置にも存在します。登記するかしないかは、**土地に定着した建造物か否か**という点だけで判断されることになります。コンクリートの基礎にしっかり固定されている物置であれば床面積に算入（課税）、ただ置いてあるだけで容易に移動できるものは床面積に算入しない（課税されない）ことになります。

物置は「附属建物」として登記されるのが一般的です。微々たる額かもしれませんが、固定資産税は毎年徴収されることになるので、上手に設計して節税して欲しいと思います。

ただし、銀行の融資は建築面積を参考にしているケースが多いので、建築面積より登記面積が大きく減少してしまうと融資額も少なくなる可能性がありますので注意が必要です。床面積に算入するか否かは個々の建物で判断が難しいので、事前に管轄の法務局や専門家である土地家屋調査士に相談することをお勧めします。

◆安い仕様にする必要はないけれど

固定資産税に関する注意点としては、**建物の仕様によって固定資産税が高くなる**という点も頭に入れておきましょう。

新居に住みはじめてしばらくすると、役所から固定資産税を算出するために家屋調査に入りたい旨の書面が届きます。

日程、時間を決めて役所の担当者が新居の調査をするのですが、新居の仕様がどのようなものかで点数を付け、それが固定資産税に反映される仕組みになっています。

要するに、構造や床面積が同じであっても、**仕様によって税金が高い人と安い人が出てくる**のです。

固定資産評価基準に記載されている仕様のチェックリストとしては、床材・壁材・屋根・基礎・バルコニー・ユニットバス・洗面器・化粧台・システムキッチン・床暖房など膨大にあります。これらが高価な仕様のものを選んでいると、固定資産税も高くなる傾向にあります。特に、**床暖房、エレベーター、ソーラーパネル（屋根一体型）**などが設置してある家屋は高額になる可能性が高いようです。

マイホームは一生にそう何度も買うものではないので、仕様を妥協する必要はありませんが、毎年の節約を検討するのであれば、頭の隅に入れておきましょう。

固定資産税の算出の基礎となる固定資産評価基準は、3年おきに更新されます。資材の高騰や物価上昇により、評価基準に記載されている金額も高くなる傾向にあるようです。

意外と制約が多い「建築条件付き土地」

~建売住宅と注文住宅の中間的存在~

◆どこまで自分の意向が設計に反映できるのか

チラシなどで「建築条件付き土地」とか「建築条件付き売地」という記載を見たことはありませんか。

新築の建物を取得する方法としては、次の3つに分けることができます。

①土地を用意し、自由に設計する「注文住宅」を建てる
②業者が建てた「建売住宅」を土地付きで買う
③住宅会社と建築請負契約を結ぶことが条件となっている「建築条件付き土地」を買い、建物を建てる

③の建築条件付きの土地を購入した場合は、請負契約を交わした住宅会社に家を建ててもらうことになるので、意中の建築会社がある場合はお勧めしません。

特に住宅業者を決めていないなら、設計プランから自由に決められるケースでは、自分好みの建物を建てることもできます。

①の注文住宅を建てる場合と比べて、建築条件付き土地を購入するメリットは、土地を探す面倒がない点です。

注文住宅を建てたくて土地から探す方もいるのですが、よい土地と巡り合うことはなかなか難しいのが現実です。なぜなら、売却する土地が市場に出ると一番早く目を付けるのは当然不動産業者だからです。

立地のよい土地なら業者が土地を仕入れて建物を建てて売った方が利益になります。立地のよい土地が出ないか、各業者が毎日目を光らせて探しているのです。

結果として、立地のよい土地は、建売住宅用地、建築条件付き土地、マンション用地となることが多く、立地のよいところで注文住宅用の土地が流通することは少ないのです。

ですから建売住宅よりは自由度が高く、注文住宅にするには土地を探すハードルが高いと思う方などは、その中間にある建築条件付き土地もお勧めです。

建築条件付き土地で注意してほしいのは、建築条件付き土地でも、自由な設計にならないこともある、ということです。

建前としては、設計担当者と打ち合わせをしながら、自分だけのオリジナルの建物が建てられるといううたい文句で契約までこぎつけるのですが、実際は数パターンの中から選べるだけといったケースもあり、注文住宅並みに自由にできると考えていた買主とトラブルになるケースがあるようです。

たしかにＬＤＫは日当たりのいい南側に、そして駐車スペースなどもおのずと決められてしまいます。あとは水回り（トイレ・風呂・キッチン・洗面台など）ですが、水回りは配管の関係上、近い位置に配置される場合がほとんどです。離れた場所に水回りを設置する場合、配管をその場所まで分けて通すことになり、予算がかなり膨らんでしまうので、現実的ではありません。

さあどうでしょう。ここまでくると、確かに自由設計と言われながら一般の人が家の間取りを一から考えるのは至難の業といえそうです。

もちろん仕様については、階段には手すりをつけたい、吹き抜けを設けたい、子ども部屋は子どもが小さいうちは一つの大きな部屋として利用して、子どもが成長したら壁を設けて2つの部屋に分けるようにしたい、といったプランニングくらいはできると思います。

どこまで自分の意向が設計に反映できるのか――、建築条件付き土地では、この点を十分確認した上で契約するかどうか決めた方がいいでしょう。

第7章

マンションは古すぎず、小さすぎず、みんなが住みたがる間取り・物件がいい

定期借地権マンションと所有権マンションを比べてみよう

～定期借地権のマンションは、安いけれど売却しにくい～

◆土地を借りて使うマンションがいいか、土地も自分のものというマンションがいいか

敷地の所有形態によって、マンションには大きく分けて2種類あるのをご存知でしょうか。1つは定期借地権マンション、もう1つは所有権マンションです。

定期借地権というのは、50年以上の一定の期間（借地期間と言います）、土地を借りる権利のことです。その間ずっと土地の賃料を払わなければなりませんし、借地期間が満了するまでに、マンションを取り壊し、更地にして返さなければなりません。

資産として残す目的で購入を検討している方にとっては、買わない方が賢明な物件と言えるでしょう。

では、定期借地権のマンションに、メリットがあるのでしょうか。

定期借地権のマンションのメリットは、やはりなんといっても値段です。同じ立地の所有権のマンションと比較すると、50~70%ほどの金額で購入できることが多いようです。ローン返済に苦しみたくない、予算はあまりないけれど立地のよいマンションに住みたい、自分の代で処分しても構わないということであれば、安い値段で人気のエリアや、アクセスのよい場所にあるマンションに住めるというメリットがあります。

ただし、定期借地権のマンションにはデメリットもあります。
それは、転売しづらいという点です。例えば、借地期間が50年の定期借地権マンションを新築時に購入し、30年経過してから売却したいと思っても、残存期間20年のマンションを買いたいと考える人は少ないのではないでしょうか。
また、借地期間が満了する時には、マンションを解体しなければなりません。当然、解体費もかかります。

定期借地権と所有権、どちらを選ぶかは購入する方のライフスタイルによると思いますが、値段だけで判断せず、じっくり検討しましょう。

マンションの規模、施設やサービスをどうとらえるか

～自分にとって不要な共用施設でも管理費用はかかる～

◆規模ごとのメリット、デメリットを整理しておこう

マンションの総戸数としてはどのぐらいの規模がいいのでしょうか。

ここではイメージとして、小規模マンション（100戸未満）、中規模マンション（100戸から200戸）、大規模マンション（200戸超）とに分けて考えてみましょう。

◎小規模マンション・中規模マンション

小規模・中規模のマンションは、大規模マンションと比較すると区分所有者の数が少なく、管理組合の運営がスムーズという傾向があります。

また、物件にもよりますが、豪華な共用設備が少ないので、維持費・管理費も一般的には安くなります。大規模マンションよりも立地がよい物件が多いのも特徴です。

デメリットとしては、共用設備が少ないこと。また、管理員の勤務形態が常駐ではなく、巡回などのケースも多く、管理組合の負担が大きくなることも考えられます。

◎大規模マンション

大規模マンションは総戸数が多いので、かなり豪華な共用施設が存在します。そして、管理員の勤務形態が常駐の場合も多く、セキュリティ面でも優れています。

共用施設については、無駄なものが付いていると管理費の負担が大きくなるので、その共用施設が欲しいか否かで判断が分かれるところです。

また、区分所有者同士の付き合いも希薄になりがちです。

また、大規模マンションを建てるには広大な土地が必要であることから、駅前などにあることは少なく、利便性は小規模・中規模マンションと比較すると悪い傾向にあります。

◆共用施設は、使わなくても毎月管理費用を支払わなければならないことをお忘れなく

どの規模のマンションを選ぶかは購入者の自由ですが、自分にとってどのような共用設備が必要なのか、不要な施設は何か考えて選ぶことは大切だと思います。

個人的な意見ですが、あまりにも過剰な設備は不要と思います。マンション内にフィットネスルームやシアタールーム、ゲストルームがあるのは、購入時には好印象でしょう。しかし、フィットネスルームについては、購入前から継続して何年もフィットネスクラブなどに通っている方にとってはよいと思いますが、マンション購入を機に体を鍛えようなどと考えた人は、ほとんどが長続きしません。たまに利用するだけなら、共用施設ではなく、むしろ近所のフィットネスクラブに通った方が安上がりかもしれません。

シアタールームにしても、一般家庭で頻繁に利用するとは考えづらいものです。映画でしたら、最近はショッピングモールなどでも見られますし、女性ならレディースデイなどを利用すれば映画館でかなり安く鑑賞することができます。

ゲストルームについても、そんなにゲストが来る頻度があるのかよく考えましょう。また、利用したい時期が他の区分所有者と重なることが多く、借りたい時に利用できないという声も聞きます。年末年始の休暇やお盆休みの時期などは混み合うようです。

かなりの頻度で利用したい共用施設があるならそれが付いているマンションをお勧めしますが、利用しない共用施設でも、付いていればその施設の管理費用は毎月の管理費から充当されるということを頭に入れて、マンションを選ぶようにしましょう。

管理がきちんとしているかどうかはどこで見分けるか

～マンションは管理を買えと言うけれど～

◆まずはどんな管理形態があるのかを確認

マンションを購入すると、所有者全員が管理組合員の一員となります。このマンション管理組合の意識が将来の資産価値に大きく関係します。

中古のマンションを購入する際に「マンションは管理を買え」と聞きます。この「管理」とは、いったい何を指すのでしょうか。そして、具体的にどのようなところを注意して物件を選べばよいのでしょうか。

マンションの管理は、ほとんどの管理組合が管理会社に任せていると思います。管理費に直結する部分なので慎重に検討しましょう。

この管理形態ですが、全面委託、部分委託、自主管理に分けられます。

◎全面委託

すべてを管理会社に委託するという管理形態です。新築マンションの多くは全面委託です。管理組合の負担が少ないのがメリットですが、管理委託費は当然高くなります。

◎部分委託

例えば、会計業務のみを管理会社に委託するなど、管理組合で管理できる部分は管理組合で行い、他のことは委託する形態です。全面委託に比べると管理組合の負担は多くなりますが、管理意識の高い住民が多いマンションにはお勧めです。

◎自主管理

管理業務をすべて管理組合で行う形態です。築年数の古いマンションや小規模のマンションで見受けられます。管理組合が正常に機能していればよいのですが、修繕積立金が不足していたり、長期修繕計画がされていないマンションなども存在します。

また、マンションには管理員の勤務形態にも違いがあります。

◎常駐

管理員が住み込みで働きます。大規模マンションに多く見受けられます。

◎日勤

通勤して定められた勤務時間に働きます。

◎巡回

複数のマンションを定期的に巡回します。

管理員の主な業務は、マンションの受付・点検・報告業務などです。この勤務形態は、大規模マンション→常駐、中規模・小規模マンション→日勤または巡回、というようにマンションの規模によって決められる傾向にあります。

◆マンションの管理の善し悪しは共用部分で分かる

では、購入者はマンションのどこを見て管理の良否を判断すべきでしょうか。

現地で判断できるのは、マンションの共用部分です。共用部分の利用状況でマンションの管理意識を垣間見ることができます。

◎エントランス・メールボックス

エントランス（入口）は綺麗に清掃されているでしょうか。メールボックス（集合郵便受け）は破損していないでしょうか。また、メールボックスの上にチラシなどが散乱していないでしょうか。掲示板は定期的に更新されているでしょうか。

◎エレベーター

ペット飼育が可能というマンションは多いと思いますが、エレベーターなどにペットの臭気が残っているマンションがあります。

また、マンションの総戸数に対してエレベーターの数が少ないと、出勤時や帰宅時間帯にエレベーターがなかなかこないという問題が起こります。

目安は60世帯に1基です。保守状況なども仲介業者に聞いておくと安心です。

◎植栽

植栽も綺麗に手入れされていますか。植栽の上にゴミなどが散乱していないでしょうか。

◎ゴミ置場

ゴミの捨て方はしっかり守られているでしょうか。中にはゴミの分別をしない所有者もいます。住んでいる人のモラルが出る箇所なので見ておくとよいでしょう。

◎その他

共用廊下・駐車場などの照明は切れていないでしょうか。また綺麗に清掃されているでしょうか。

自転車・バイクは決められた場所に置かれていますか。

また、いつどのような修繕を行ったのか、修繕履歴を確認しましょう。これから大規模修繕を控えているマンションであれば、いつ頃予定しているかも聞いておくと安心です。

大規模修繕積立金はマンションを維持していくために必要なお金です。修繕積立金が適正な金額かも重要な要素です。

立地もよく、高価なマンションを購入しても、資産価値を維持できるどうかは管理状況にかかってきますので、慎重にチェックして下さい。

古すぎるマンションはお買い得なのか

～自分でリフォームしても、リフォーム済み物件もどちらも注目～

◆なんでもかんでもリフォームできるわけではないけれど

マイホームを探していると、新築マンションは販売業者が一生懸命売ろうとしていますからどうしても目につくのですが、古いマンションはどうなのでしょうか。

古いマンションなんて、汚いし、誰も買いたくない、購入者の多くは新築の綺麗なマイホームを夢見ている方が多いので、古いマンションなど目に留まらないかもしれません。

しかし、古いマンションも、条件によってはいい買い物になると思います。

古い物件は価格が安いので、同じ立地で物件を探しているなら、物件そのものにかかる費用が思ったより少なくてすみます。そして、余った予算をリフォーム費用に充てれば、クロス（壁紙）や床材などは自分好みのものにできる上に、どこまでリフォームするかにもよりますが、見た目は新築のようにすることができます。つまり、自分好みのマンションにできるかもしれないのです。

注意点もあります。それは、マンションの管理規約を遵守してリフォームを行わなければなりません。

マンションは戸建住宅と違い、専有部分と共用部分とに分けられていて、どこまでリフォームしてよいか決められています。この点に違反しないように、事前にどこまでリフォームが可能か把握してから工事を発注しましょう。

また、リフォーム代が安いのか、高いのかは判断が難しいと思いますので、自分でリフォーム会社を手配する際は必ず何社か見積書を取って業者を決定しましょう。

このように、購入してからリフォームできるのはいいのですが、共用部分の給排水管の劣化は専有部分だけのリフォームではどうにもならないのが実情です。マンション全体のこれまでのメンテナンスをしっかり確認した上で購入を決めるようにしましょう。

リフォーム済み物件といって、古いマンションなどを業者が購入してリフォームしてから再販しているものも多く存在します。このような物件も見違えるほど綺麗になっているので、気に入る物件が出てくるかもしれません。

自分でリフォーム会社を手配するのが面倒な場合は、リフォーム済み物件もお勧めです。

ただし、リフォーム済み物件は、購入してから自分でリフォームを発注するより割高になる傾向にあります。

というのも、リフォームして再販される場合は、一度所有権がリフォーム会社などに移ることから、登記費用や固定資産税などの税金を支払うことになるからです。

自分でリフォーム会社を手配すれば、このような費用は発生しませんが、その費用を上乗せし、さらに販売する会社の利益分も上乗せされた価格で売り出されるので、割高になるケースが多いのです。

専有部分と共有部分

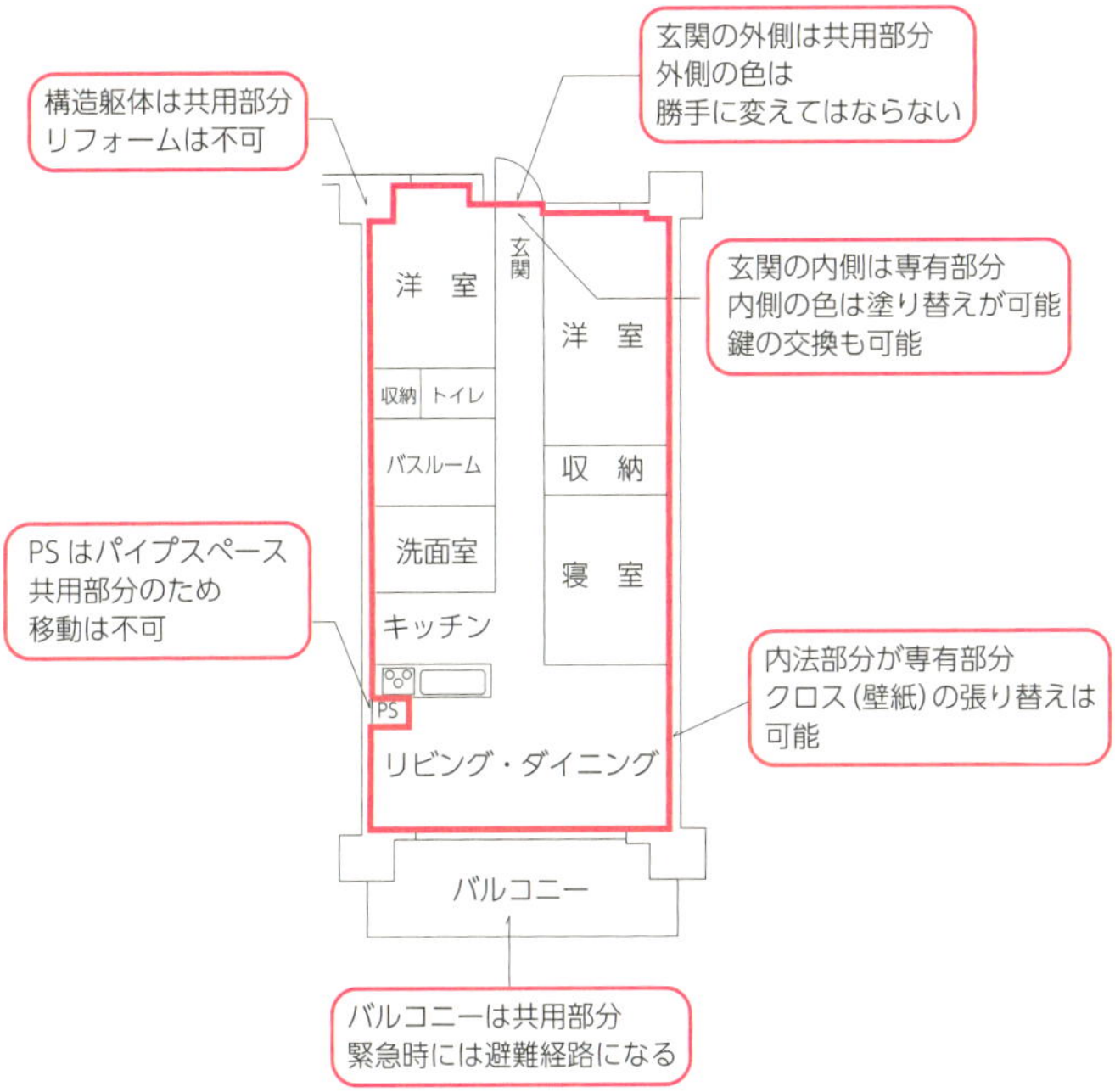

注意点　住宅ローン減税を受ける場合は床面積が50㎡以上が条件となっています。

パンフレットに記載されている床面積は壁の中心線で計算されています。

登記面積は上記の赤線の部分（壁の内側の面積）となります。

PS（パイプスペース）も専有部分の床面積に入らないので50㎡ギリギリの場合には特に注意が必要です。

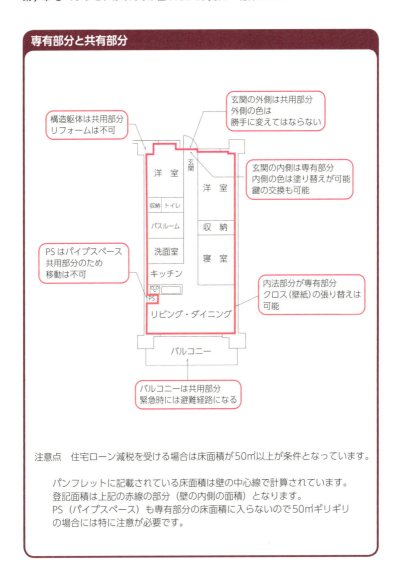

新築分譲マンションの分譲のしくみと値段のからくり

～利益率は意外と低いので、完売しないと大変～

◆新築分譲マンションの原価内訳を知っておこう

新築分譲マンションの値段の内訳をご存知でしょうか。マンション業者によりまちまちですが、概ね以下のような内訳になります。

◎土地・建物取得費
土地の購入代金及び建物の建築費用です。総額の70～80％を占めます。

◎広告宣伝費
チラシやパンフレットなどにかかる広告宣伝費用です。総額の3％ほどになります。

◎販売費・販売経費
モデルルームの設置代金や販売会社へ支払う手数料などで、総額の3～6％ほどです。

◎税金
土地を購入してからマンションが完成するまでに数年かかります。その間の固定資産税や借入れがある場合は金利も発生します。総額の4〜7%ほどです。
◎利益
総額の5〜10%が純利益になります。


おそらく「思ったより利益率が低い」と思われるのではないでしょうか。

利益率が低いということは、完売しないと大変なので、会社側は売ろう売ろうと必死です。

当然、営業マンは高い物件から契約するように指示されていますし、売れない物件は値引きしたり、オプションとしてインテリアや家具購入費用のプレゼントなどを付けたりして、なんとか完売するように努力しています。

逆に考えると、残り少ない戸数になった物件を購入する時は、値引きやオプションを付けてもらえるか交渉の余地があるかもしれません。

維持費、管理費が高すぎるマンション

～高すぎても安すぎても大変な維持費、管理費～

◆管理費、修繕積立金の妥当性をチェックしよう

マンションを購入してからの維持費・管理費は、購入者（所有者）にとっては毎月の出費となります。

住宅ローンを返済しながら管理費・修繕積立金・駐車場代を払っていかなければならず、戸建住宅にはない出費があることを考えなければなりません。

この修繕積立金や管理費が高いか安いかという判断はどうすれば分かるのでしょうか。

あくまでも概算になりますが、試しに算出してみましょう。

概算と書いたのは、豪華な共用施設のある大規模マンションもあれば、必要最小限の共

用施設しかない小規模マンションもあり、共用施設の数や内容によって、管理費はまちまちだからです。

◎管理費と修繕積立金の概算

郊外のマンション――平方メートル300円で計算。70平方メートルで2万1000円程度
都内のマンション――平方メートル単価370円で計算。70平方メートルで2万5900円程度
豪華なマンション――平方メートル単価420円で計算。70平方メートルで2万9400円程度

一般的に、**修繕積立金については5年、10年おきに価格の改定が行われ、年々高くなる傾向にあります。**例えば当初7000円だったものが、30年後には3万円になるような計画がされているものもあります。

マンション業者は、修繕積立金が不足することを回避するために、余裕をもって（余剰金が発生するように）修繕計画を作成しています。

しかし、初めから修繕積立金が高額だと購入者の客足が遠のくせいか、販売当初は修繕積立金が安く設定されていることが多いのです。

何年おきにいくら値上がりしていくのかをしっかり把握して、住宅ローンの返済計画を立てておきましょう。

特にお子さんがいる家庭では、修繕積立金が高くなる頃にお子さんの学費も高額になる傾向にあります。この点は、将来苦しむことのないよう、しっかりライフプラン表などを作成してチェックしておいてはいかがでしょうか。

新築分譲マンションを選ぶなら、こんな点にも注意しよう

～駐車場の稼働率や、駐車場の形態はどうなっているか～

◆駐車場の稼働率は要注意ポイント

ここまで説明してきた以外にも、マンション選びのちょっとした注意点があるので、書いておきます。

◎駐車場の稼働率

駐車場代金を管理費や修繕積立金に充当している場合は、特に注意が必要です。近年は、車を所有しない人も増えています。稼働率を当初は8割で計算していたのに、5割にも満たないというような状態が長く続けば、当然に管理費、修繕積立金が不足してきます。

可能なら、近隣のマンションの駐車場の稼働率をチェックしておきましょう。あまりに稼働率が低いために、マンション住民以外に駐車場を貸し出す管理組合もありますが、そ

の場合には収益事業として税金を納めなければならなくなります。

◎駐車場の形態

平置き駐車場か、機械式の駐車場なのかという点も確認しておきましょう。

機械式の駐車場はメンテナンス代もかかる上に、故障しやすいのが難点です。また、朝の出勤時など、時間がない時に早く出したいのになかなか出せないストレスもあります。

地価の高い都心部のマンションでは平置きが少ないのは仕方ありませんが、郊外のマンションの場合はなるべく平置きの駐車場を選んだ方がよいでしょう。

◎瑕疵担保履行法《かしたんぽりこうほう》

新築住宅（戸建住宅も含みます）を購入する場合は、瑕疵担保履行法で保全措置の方法を記載することが義務づけられました。

消費者の方が安心して不動産を購入できるように保全措置を講じるというものです。

これにより、万が一、売主の業者が倒産しても、引渡し後10年以内なら供託金や保険会社から補償金が支払われることになります。

将来、売却が難しいのはこんなマンション

〜マンションは立地がすべて〜

◆一生住むつもりで購入しても、一応は売る時のことを考えておく

マンションを買ったのはいいけれど、転勤などで引っ越さなければならなくなって、売却を検討するケースもあります。

売りに出してみたものの、なかなか買い手が見つからない、買った値段よりかなり安い金額を提示されたというのは、よく耳にする話です。

ここではどういうマンションは将来売却が難しくなるのかを説明することにしましょう。

次ページの図表からも分かるように、マンションのストック数は年々増加しています。マンションのストック数とは、中古の既存建物と完成在庫数のことです。

平成元年は約200万戸ですが、平成25年では600万戸を超えるストック数になっています。驚

全国のマンションのストック戸数

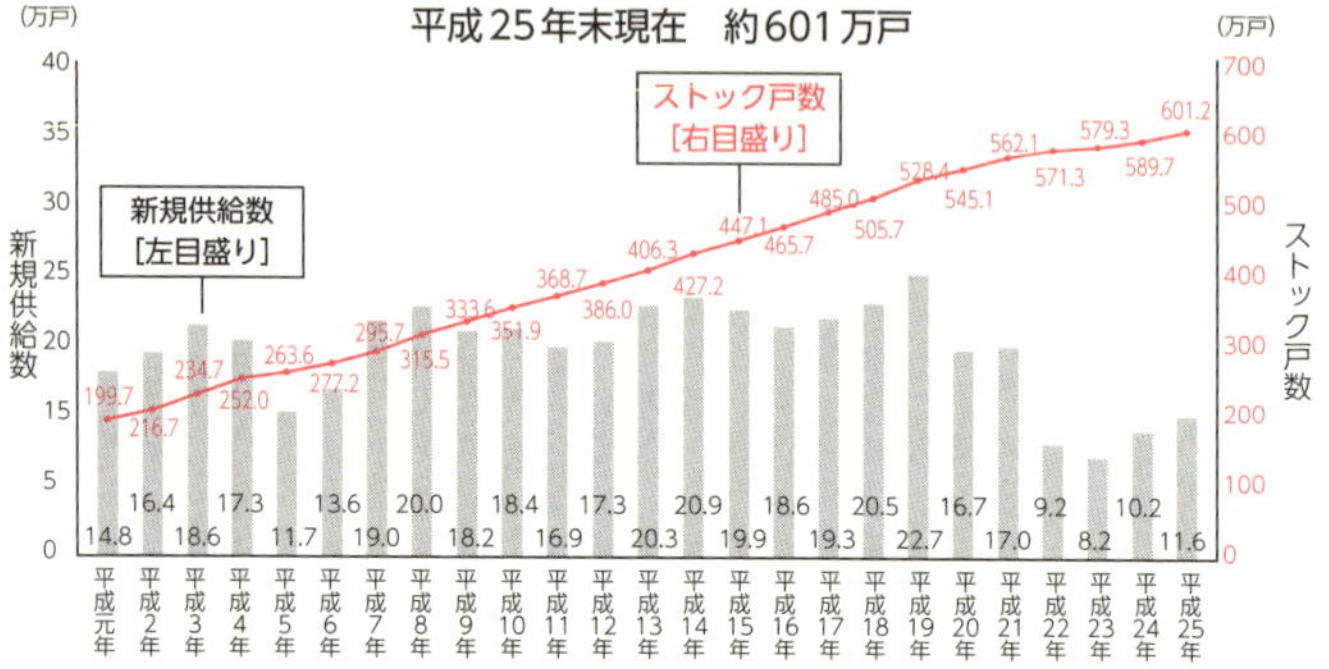

(注)　1.新規供給戸数は、建築着工統計等を基に推計した。
2.ストック戸数は、新規供給戸数の累積等を基に、各年末時点の戸数を推計した。
3.ここでいうマンションとは、中高層（3階建て以上）・分譲・共同建で、鉄筋コンクリート鉄骨鉄筋コンクリートまたは鉄骨造りの住宅をいう。
4.マンションの居住人口は、平成22年国勢調査による1世帯当たり平均人員2.46を基に算出すると約1,480万人となる。

国土交通省

異的なペースで増加していることが分かるのではないでしょうか。

新築のマンションは現在も建設されていますし、今後の人口減少を考えるとストック数は増加の一途をたどると考えられます。

不動産の値段は、取引上の需要と供給によって決まります。

売主が何千万円、何億円の価値がある物件だと思っていても、買主が現れなければ手に入るお金は0円です。固定資産税の評価額や路線価ではそれなりの価格が記載されていても、買い手が現れなければ売れないのが現実です。

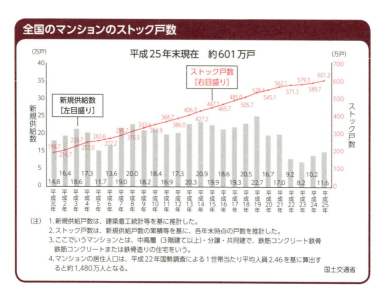

逆に、人気エリアでは売り出される物件の数自体が少ないので、売り出すと、相場より高い値段で取引されることも多々あります。

マンションは立地がすべてだと考えていいと思います。

マンションは、一戸建てと比べて、便利、安全という点を意識して購入する方が多いのです。

最近のマンションは構造上安全であり、セキュリティもしっかりしていますが、では便利という点ではどうでしょうか。経年劣化した時の売却を想定すると、買い手が現れて売却できるかどうか、売却価格がいくらになるかは、立地がよいかどうかにかかっていると思います。

◆将来、売れないマンション、価格が下がるマンション

では、売却が難しいマンションや、売却できたとしても価格が安くなってしまうマンションには、どのような特徴があるのでしょうか。

いろいろな要因があると思いますが、考えられるのは、次のようなマンションです。

◎不人気エリアのマンション

不人気のエリアは駅前も閑散としています。軒並みシャッターが閉まっているような商店街では、駅近でも売却は難しくなります。また、電車のアクセスが悪い物件も敬遠されがちです。

◎駅からバス便のマンション

マンションは、駅から徒歩10分以内が理想的です。徒歩10分以上になると、購入者は検討する物件を一戸建てにシフトしまうからです。駅からバス便のマンションにするなら、そのマンション周辺で全てがまかなえる施設があるものを選ぶべきです。

◎他と比べて間取りが大きすぎる

最近発売されているマンションの間取りをよく見てみましょう。家族4人で住む場合、70〜80平方メートルぐらいの床面積のタイプが多いのが分かります。つまり、それくらいの面積のマンションを買う人が多い、それくらいの面積が好まれるということです。

将来、売却することを想定すると、100平方メートルを超える床面積の間取りは売りづらいと考えられます。

時代に沿った考え方をすれば、これからは少子高齢化社会。現在建築されているマンションの間取りより広いものは敬遠されるのではないでしょうか。

また、郊外で床面積が大きいマンションも見られますが、あまり床面積が大きいと、比較検討の材料として一戸建ても挙がってきて、そちらにシフトしてしまうことも考えられます。

◆将来、売りやすいマンション、価格が下がりにくいマンション

◎眺望がよいマンション

埋立地などに建設されるマンション（湾岸エリアなど）は、投資家はもちろんですが、思いのほか地方にお住まいの方が購入されているようです。

実際に購入した方に理由を聞いてみると、「素晴らしい夜景の見えるマンションが買いたかった」「地方に家を持っているからマンションに憧れて買った」というお話を聞くことができました。

このように、中古でも眺望のよいマンションはリセールバリューも高いと考えられます。

ただし、実際に眺望を売りにしているマンションの売買契約書には、近隣に類似のマンションが建つ可能性があることを示唆する内容が記載されています。

隣地に面積の大きな駐車場や工場、古い団地などがある場合は、高い建物が建築されてしまう可能性が高いので、現地確認をする際は近隣の状況にも目を配りましょう。

◎大手マンション業者のブランドマンション

ブランド力のあるマンションも売却しやすいようです。

野村不動産（プラウド）、三菱地所（パークハウス）、東京建物（ブリリア）、住友不動産（シティハウス）、東急不動産（ブランズ）などは、大手マンション業者ということから購入者からの信用があり、中古物件でも売りやすいと聞きます。

第8章

愛する家族のためのチェック事項

夫婦の絆が壊れるきっかけにもなるローン計画

～老後の資金プランまでつくってもらって確認・見直ししていこう～

◆公立・私立によって支払う教育費に差はあるものの……

お子さんが小さい方、これからお子さんが生まれる方は、どれくらい教育費がかかるかをご存知でしょうか。子どもの教育費は、想像以上に負担が大きいものです。

これから購入する物件を検討したり、住宅ローンを組むのなら、教育費を払いながら住宅ローンを払っていけるよう、住宅ローンの借入額や返済方法を検討すべきです。

次ページの図表は、子供が小学校、中学校、高校、大学に行った時の授業料の概算額を算出したものです。この他に食費や交際費、習い事の費用などがかかってきます。

しっかり返済計画をしておかないと、学費がかかる時期は、住宅ローンの返済も厳しくなってしまいます。

子どもの教育費用

国公立・私大別にみた幼稚園から高校までにかかる教育費用

（万円）

		幼稚園（3年）	小学校	中学校	高等学校	合計
国公立	学校教育費	39	33	39	71	182
	うち、授業料	22	0	0	0	22
	学校外活動費	22	124	88	47	280
	うち、補助学習費	7	51	69	38	164
	合計	61	157	127	118	462
私立	学校教育費	108	502	297	204	1111
	うち、授業料	73	258	126	68	524
	学校外活動費	44	352	84	72	552
	うち、補助学習費	16	179	54	57	306
	合計	153	853	381	276	1663
国公立との差	学校教育費	＋69	＋469	＋258	＋133	＋929
	うち、授業料	＋51	＋258	＋126	＋68	＋502
	学校外活動費	＋23	＋228	▲4	＋25	＋271
	うち、補助学習費	＋9	＋128	▲15	＋19	＋142
	合計	＋92	＋697	＋254	＋158	＋1201

（注）教育費用は学校給食費と学校外教育費を合計したもの。なお、学校教育費は授業料や修学旅行・遠足・見学費、学級・児童会・生徒会費、PTA会費、その他の学校納付金、寄附金、教科書費・教科書以外の図書費、学用品・実験実習材料費、教科外活動費、通学費、制服、通学用品等を含む。また、学校外活動費は家庭内学習費や学習塾費・家庭教師費等の補助学習費、体験活動・地域活動費や芸術文化活動費、スポーツ・レクリエーション活動費、教養費等のその他の学校外活動等を含む。また、差は私立から国公立の値を差し引いたもの。

出典　文部科学省「2012年度子どもの学習費調査」

自宅・下宿別、進路別にみた大学・短期大学の費用

（万円）

		国立	私立				
			短大	文系	理系	家政・芸術・体育・保健系	医・歯系
自宅	授業料等	244	167	326	446	400	1845
	授業料以外	85	71	140	152	172	646
	仕送り	0	0	0	0	0	0
	合計	329	238	466	599	572	2491
下宿	授業料等	244	167	326	446	400	1845
	授業料以外	49	55	110	122	142	600
	仕送り	432	216	432	432	432	648
	合計	725	438	868	1001	974	3093

（注）授業料等は授業料や入学料、検定料を含む。授業料以外は授業料以外の学校納付金（施設整備料や教科書代・実習教材代等の修学費、サークル活動等の課外活動費、通学費等を含む。仕送りは自宅外通学者への仕送り平均額に必要年数を乗じている。）

出典　文部科学省「2010年度国立大学の授業料、入学料及び検定料の調査結果について」「国立大学等の授業料その他の費用に関する省令」「私立大学等の2011年度入学者に係る学生納付金等調査結果について」、独立行政法人日本学生支援機構「2010年度学生生活調査」、日本政策金融公庫「教育費負担の実態調査結果（国の教育ローン利用勤務者世帯）」より算出

現在はファイナンシャルプランナーや住宅メーカーでも、ライフプラン計画表を作成してくれます。まれに、購入してから10~20年後までのライフプラン計画表を見ますが、それでは足りません。どうせ作ってもらうなら、ご夫婦の老後までを想定したしっかりしたライフプラン計画表を作成してもらい、検討するようにしましょう。

そして、子供の学費がかかる時期、退職して年金生活になった場合にも対応できるような返済計画になっているかを確認します。

あくまでも計画ですので、作成したライフプランどおりにはいかないと思いますが、当初から返済に無理がある場合は、借入額を変更することも考えた方がいいと思います。

「住宅ローン難民」「住宅ローン破綻」という言葉があるように、住宅ローンの支払いに追われたり、支払えなくなって競売を申し立てられたりした人もたくさんいます。近年では熟年者層の方が住宅ローンの返済に苦しんでいる現実があります。毎月住宅ローンに追い立てられるようでは、せっかくの夢のマイホームが台無しです。

また、購入してからも返済計画は定期的に見直す習慣をつけましょう。金利は時代とともに常に変化しています。

子どものために住環境の何をチェックしたらいいのか？

～評判のよい学校の学区内の物件は売れるのが早い～

◆子育て関係の情報をチェックしておけば、得することも

学齢期や、就学前のお子さんがいる方は、マイホームを購入する時、学区や周辺施設も気になるのではないでしょうか。

マイホームを購入して引っ越し、転校したら不登校になった、なんてことになったら目も当てられません。住居地がどの学校の通学区域に属するのかは不動産業者が把握しているはずですので、聞いておきましょう。

実際、評判のいい学校の通学区域内の物件は、売れるのも早いものです。学校の評判が分からなければ、近隣の方に聞いてみるといいでしょう。

他にも、お子さんがいるなら、周辺環境にも注意したい点があります。

それは、家から学校までの距離や、通学路や最寄り駅までの通り道の人通りの多さ少なさ、痴漢や不審者が出没する地域ではないかという点です。

また、道幅が狭く、車通りの多い道路を利用しなければならないところも危険です。

反対に、医療施設、図書館、公園、役所、学童クラブなどは、近くにあると便利な施設です。

全てをクリアする物件にはなかなか出会えないかもしれませんが、お子さんにとってよい環境に住むというのは、親にとっても安心できることではないでしょうか。


また、周辺環境だけではなく、**行政による子育て支援も比較**してみましょう。

「行政サービス比較検索」では気になる地域の行政サービスを比較することができます。

統計データや公共料金、児童手当や医療・福祉にいたるまで比較検討でき、とても参考になります。

例えば、子どもに関する医療費の問題ひとつ取っても、乳幼児・子供医療費助成（通院）対象年齢を比較すると、東京都23区内ではほとんどの区が中学校卒業までとなっている中で、千代田区では18歳の3月末までと3年も手厚くなっています。

また、港区では治療費が高額になりやすい特定不妊治療（体外受精・顕微授精）について、健康保険が適用されない費用の一部を助成しています。

このように、知っていれば得したと思える情報、知らないと損をしたと思う情報も多いので、しっかり調べておきましょう。

共働きなら保育の手段を確保しておこう

～待機児童数はまめにチェックしよう～

◆保育所の待機児童はどれくらい？

最近では共働きの世帯が多く、マイホームを購入すると、夫婦で住宅ローンを支払っているご夫婦も多いと思います。

共働き世帯において、特に問題になるのは保育所の問題です。夫婦で住宅ローンを返済する予定でも子どもを預けるところがなくて、働けない（＝収入が途絶える）というのでは、ライフプランが大幅に狂ってきてしまいます。

保育所の待機児童は、とくに都心部の多くの場所で存在します。マイホームを購入したいエリアには待機児童の数がどれくらいなのか、認可の保育所の定員に対し、申し込み人数がどれくらいいるのか確認しておきましょう。

市区町村別の待機児童の状況を見て下さい。ここでは平成27年4月1日の待機児童数を掲載しています。

市区町村によって待機児童数にかなりばらつきがあるのが分かります。また、年によっても異なります。保育所に子供を預ける必要があるご家庭は、なるべく待機児童が少ない地域を探してみてはいかがでしょうか。

インターネットでも知ることができますが、年度によって増減があるようなので、購入するエリアが絞られてきたら、最近の状況をその地の役所に行って確認してみましょう。

待機児童の多い市区町村

	都道府県	市区町村	待機児童数(人)
1	東京都	世田谷区	1,182
2	千葉県	船橋市	625
3	沖縄県	那覇市	539
4	大分県	大分市	484
5	宮城県	仙台市	419
6	静岡県	浜松市	407
7	熊本県	熊本市	397
8	東京都	板橋区	378
9	千葉県	市川市	373
10	東京都	府中市	352
11	沖縄県	宜野湾市	350
12	東京都	江戸川区	347
13	東京都	足立区	322
14	東京都	調布市	296
15	沖縄県	沖縄市	296
16	東京都	目黒区	294
17	大阪府	豊中市	253
18	東京都	渋谷区	252
19	東京都	葛飾区	252
20	兵庫県	加古川市	252
21	埼玉県	川口市	221
22	大阪府	大阪市	217
23	東京都	品川区	215
24	東京都	豊島区	209
25	東京都	三鷹市	209
26	沖縄県	石垣市	206
27	大阪府	東大阪市	206
28	大阪府	茨木市	186
29	東京都	立川市	183
30	岡山県	倉敷市	180

平成27年4月1日　厚生労働省

両親にはマイホームを購入する意向を伝えておこう

～お金と口を出すことがあるかもしれないから～

◆相続税がかかるかもしれないケースでは要注意

ご夫婦で物件を探して、いいと思った物件の見学をし、業者や住宅ローンの打合せも済み、気持ちも盛り上がり、いざ契約！ となったあなた。ちょっと待って下さい。その物件を買うことを、お互いのご両親にお話していますか？

マイホームはほとんどの方にとって一生の中で一番大きな買い物です。購入することは事前にご両親に相談しておきましょう。

「そんなこと言われたって、僕たち2人のマイホームだし、自分たちのお金で購入するのだから、両親への相談なんて必要ない」――そんなふうに考える方も多いようですが、ご両親の気持ちはまた別かもしれません。

人間は、年をとってくるとやはり心細くなるものです。なるべくなら愛する息子や娘、特に孫などがいるなら近くにいて欲しいと願っている人もいるかもしれません。

また、「言ってくれれば多少の資金援助も考えていたのに」などと考えている親も多いもの。特に住宅資金として親から資金援助をしてもらう場合は、最大1500万円まで非課税とされており、税制はかなり優遇されています。

また、親が亡くなった後の相続で相続税を払わなければならないかもしれない方は、「小規模宅地等の特例」という制度のことも知っておいた方がいいかもしれません。相続税の評価額が最大で80%減額される制度なのですが、適用を受ける要件として、親子が生計を一にしているか、財産を受け継ぐ子どもが家を持っていないという条件があります。

相続税が気になる方は、マイホーム購入を決める前にご両親や税理士さんと相談して、相続対策も含めて慎重に考える必要があるでしょう。

不動産を親子で共有することのメリットと落とし穴

～親子で共有名義にするメリット・デメリット～

◆まずは親子で共有するケースを考えよう

不動産を親子で購入し、親も子も双方で住宅ローンを組んだり、購入代金を支払ったりして共有名義にすると、当然ですがどちらかが単独で住宅ローンを借りるより多い金額が借りられたり、価格の高い物件が購入できるというメリットがあります。

いずれ相続すれば、単独での所有になります。

ただし、親が亡くなった時の相続でトラブルになる可能性があるということを知っておいた方がいいと思います。

親の持分については、他の相続人（例えば亡くなった人の配偶者や、共有した本人の兄弟姉妹）についても相続分があるからです。

「うちは財産がないから大丈夫」「兄弟同士、仲がよいから大丈夫」——そんなふうに考える人もいるのですが、その通りだとしても、一応トラブルになる可能性があることは知っておいた方がいいと思います。というのも、実は、相続が起きたとき、財産が少ない人の方がもめる傾向にあるからです。

最高裁判所の「司法統計年報」によると、遺産分割で争いになっている件数の7割超が遺産5000万円以下の方です。

ですから、親と共有で登記するのであれば、将来、親が亡くなった時のことを想定して、遺産分割の方法を考えておいた方がよいでしょう。例えば、公正証書遺言で誰に何を相続させるか記しておく、不動産以外を相続する子には相応の別の財産を残しておく、などです。

不平等な配分はトラブルの原因になるので、できれば専門家に相談することをお勧めします。残された家族で「争続」にならないように注意しましょう。

不動産を夫婦で共有することのメリットと落とし穴

～夫婦で共有名義にするメリット・デメリット～

◆夫婦で共有するケースについても考えよう

住宅ローンを夫婦2人で借り入れ、不動産を夫婦2人の共有名義にすると、住宅ローン減税も夫婦2人分受けられますので、住宅ローンの負担をかなり軽減できます（住宅ローン減税とは、返済期間10年以上の住宅ローンを利用し、一定の要件を満たした場合にローン残高に応じて所得税・住民税が控除される制度です）。

夫婦2人で共有にする場合、夫婦円満の時はいいのですが、離婚する時は財産分与としてこの不動産を分割しなければならず、大変苦労することになります。

近年は、3組に1組が離婚する時代です。不動産は売りたいけれど、相手が納得しないこともあります。そもそも、その新築物件を買ったばかりで離婚することになった場合には、頭金をどれくらい入れたかにもよりますが、売却しても負債が残ってしまうケースがあります。

あまり考えたくないことですが、配偶者と別れるようなことになった時には、不動産を共有名義にしておくことはデメリットとなります。

◆共有にする場合は持分に注意

最後に、親子や夫婦で共有名義に共通する注意点を書いておきましょう。

それは、持分の定め方です。持分とは、各人が持つ所有権の割合です。

持分は物件価格や工事代金など、物件にかかるお金の出資額の割合で定めるようにしましょう。これをいい加減に定めて、実際より多すぎたり少なすぎる持分で登記してしまうと、税務署から贈与とみなされ、贈与税を徴収される可能性があります。

住宅を購入した後で税務署からお尋ねが来ることがないよう、また、来てもしっかり対応できるようにしておきましょう。

第9章

やらなければ不安、やってみたらもっと不安になるかもしれない物件調査

土地の経歴を調べよう

～所有者、地目、担保など、登記簿や公図から分かるワケありのワケ～

◆登記簿をさかのぼると分かること

第2章で土地の経歴を古地図などから確認する方法を説明しましたが、他に土地がどのように利用されてきたのか確認する術はないのでしょうか。

ここでは登記簿や公図を使って土地の経歴を知る方法を説明します。

登記簿とは、現在では正式には登記事項証明書という名称で、土地や建物の履歴書だと思っていただければ分かりやすいと思います。

不動産（土地と建物）はとても高額な財産ですから、誰がどのような不動産を所有しているのか、借入れはいくらあるのかという事項を明らかにしていないと、トラブルになる可能性があります。そこで、登記簿には不動産の詳細が記録されています。

そして登記簿は時代の経過に伴い、「旧土地台帳」→「閉鎖登記簿」→「登記事項証明書」と変遷を遂げました。

◎旧土地台帳

もともとは税金徴収のために、税務署や役所で保管されていたものです。一元化にともない、現在では法務局で保管されています。古いものですと明治時代から昭和初期にかけての所有権・地目・地積などが記載されています。

◎コンピューター化に伴う閉鎖登記簿

もともと登記簿は紙で記録されてファイリングされていたのですが、データをコンピューターで管理するようになったので、この登記簿は閉鎖されました。

◎登記事項証明書

現在の登記簿だと考えていただければいいでしょう。不動産の取引をする場合は、まず登記事項証明書を取得して、登記されている内容を調べます。

旧土地台帳のサンプル

閉鎖登記簿のサンプル

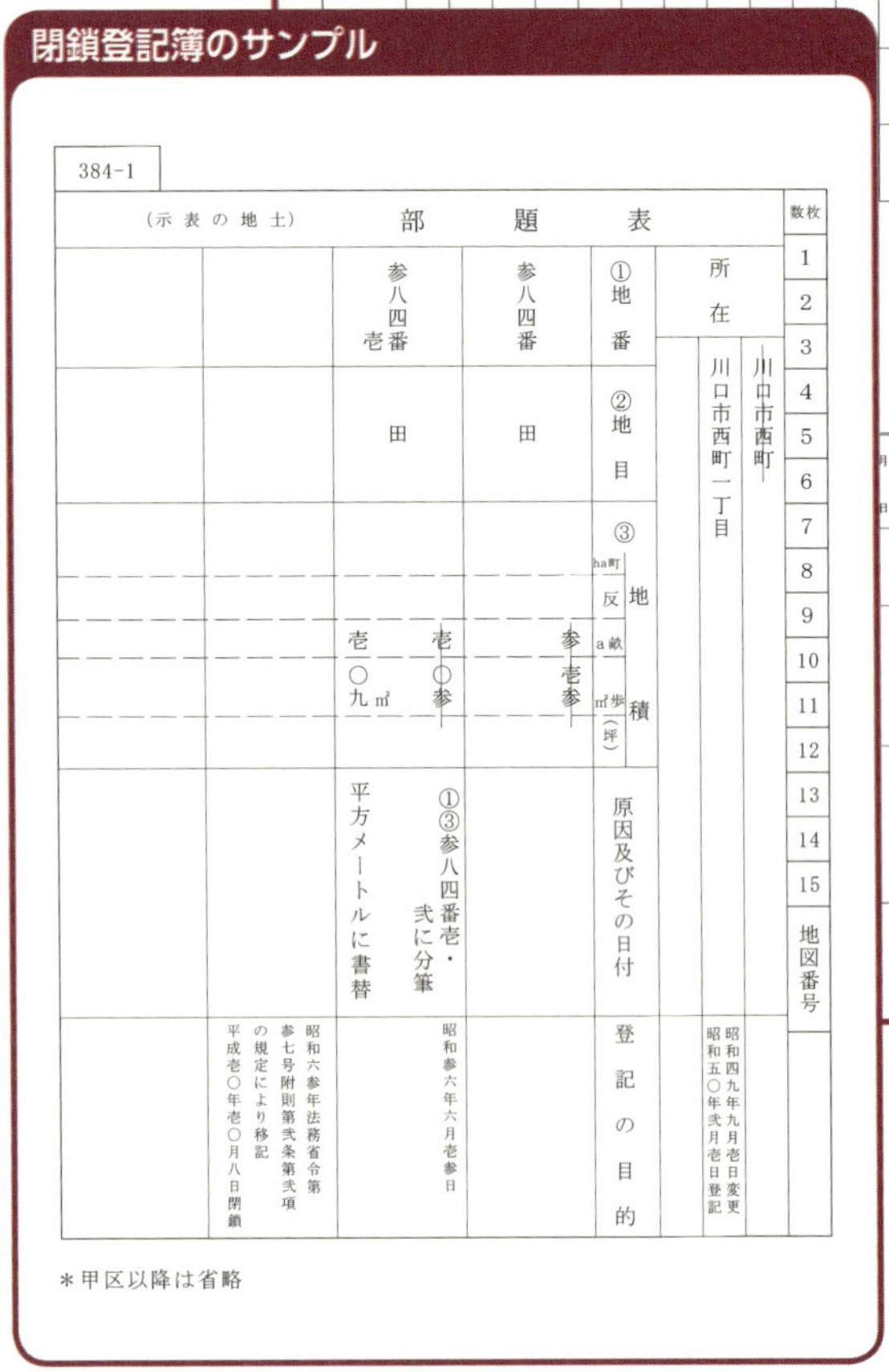

＊甲区以降は省略

登記事項証明書のサンプル

埼玉県川口市西町一丁目３８４－１　　　全部事項証明書　　　（土地）

表　題　部　（土地の表示）	調整　平成１０年１０月８日	不動産番号	1234561234567
地図番号　余白	筆界特定　余白		
所　在　川口市西町一丁目			余白
①　地　番	②　地　目	③　地　積　㎡	原因及びその日付〔登記の日付〕
３８４番	田	(旧)　３１３	余白
３８４番１	余白	１０９	①③３８４番１、２に分筆 〔昭和３６年６月１３日〕
余白	余白	余白	昭和６３年法務省令第３７号附則第２条第２項の規定により移記 平成１０年１０月８日
余白	宅地	１０９　０９	②③平成２３年９月７日地目変更 〔平成２３年１０月２７日〕

権　利　部　（甲　区）	（所有権に関する事項）		
順位番号	登記の目的	受付年月日・受付番号	権利者その他の事項
1	所有権移転	昭和３４年２月１６日 第１２３４５号	原因　昭和３２年３月２６日相続 所有者　川口市西町７５番地 田中　一郎 順位2番の登記を移記
付記1号	1番登記名義人表示変更	平成１６年１１月２９日 第４５６７８号	原因　昭和４９年９月１日住居表示実施 住所　川口市西町一丁目３番９号
	余白	余白	昭和６３年法務省令第３７号附則第２条第２項の規定により移記 平成１０年１０月８日
2	所有権移転	平成２３年８月５日 第９１０１１号	原因　平成２３年８月５日売買 所有者　新宿区東新宿一丁目２番３号 佐藤　三郎

＊下線のあるものは抹消事項であることを示す。

これは登記記録に記録されている事項の全部を証明した書面である。

平成　　年　　月　　日

さいたま地方法務局　川口出張所　　　　登記官　　　印

土地については、旧土地台帳までさかのぼると、昔の土地の利用状況を知ることができます。旧土地台帳に記載された地目が田・池沼などであれば、地盤が緩いことも考えられるわけです。

所有者の移転の経緯も分かるので、所有者が次々と変わっている場合は心理的瑕疵《かし》（不幸が続く、何かが見える、近隣とトラブルがある）物件かもしれません。

◆公図を見れば土地のリスクが分かる

次に、公図から分かる土地のリスクを説明しましょう。

公図（旧土地台帳附属地図）とは明治時代初期の地租改正の時に作製されたもので、土地のおおまかな位置や形状を表すものです。

公図には、土地の地番（郵便局の住居表示とは異なることが多いです）が記載してあるので、公図を基に隣接地の所有者なども調べることができます。

注意して欲しいのは、購入する物件の現地と隣接地の状況が公図と一致しているかどうかということです。

公図も整合性のよい場所と悪い場所があり、公図で見れば隣り合っているはずの土地が、現地を見たら隣り合っていないこともあるのです。

また、公図を見ても、現地がどこにあるのか特定できない、土地の形が現地と公図で全く違うケースもあります。このような場所を**地図混乱地域**と言います。

何が問題になるのかというと、売却する際の測量で、公図と現地の整合性がつかないことから、測量代が高額になるケースが多いのです。地図訂正といって、公図を訂正する必要があるケースもあり、測量代金以外の費用がかかったり、売却するまでに相当な時間を要することになります。

また、229ページにあるように一つの土地に「800＋801」などと2つ以上の地番が記載されている場合があります。このような土地を**筆界未定地**といいます。

筆界未定地とは地積調査等が行われたときに、境界の確認が行われなかったため、筆界が未定のまま処理されてしまった土地です。

境界確認が行われなかった理由として、境界紛争があったり、何らかの事情で境界立会いができなかったことが考えられます。

筆界未定地は、筆界がはっきりしない限りは土地を分ける土地分筆登記が受理されません。

購入予定の隣接地が筆界未定地の場合は、境界紛争の土地ではないか、確認しておきましょう。

◆残地求積で地主が売却している箇所

現在は原則として、この方法は禁止されているのですが、地積測量図の作製方法で昔はよく使われていた「残地求積」という求積方法があります。

例えば、お隣との境界線について同意が得られない場合です。

境界線の同意が得られないと、地主は土地を分けることができませんし、売却するときもディスカウントされるのが一般的です。そこで、承諾を得られない隣接地との間を、5センチメートルほど細く分筆することにより売却する方法が取られていました。

筆界未定地の含まれた公図のサンプル

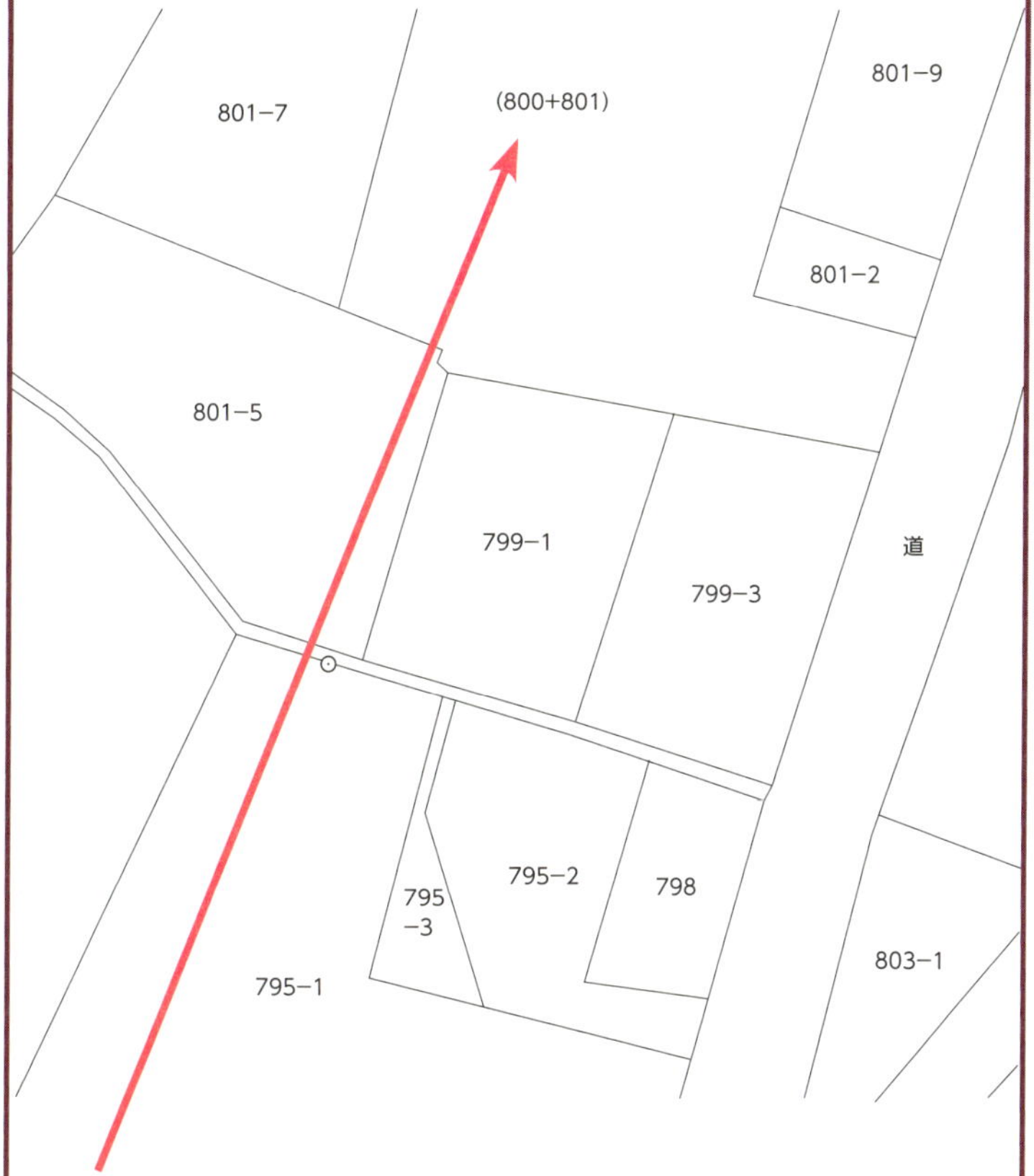

このように、公図に2つ以上の地番が記載されている土地を筆界未定地といいます。

問題となるのは、細い土地の部分です。売却する土地は買主の所有に移りますが、細い土地は、元の持ち主が所有し続けているケースがあるからです。

このような土地では、当然、代が変わっても所有し続けている場合が多く（そもそも5センチメートルくらいの細い土地に買い手などつきません）、その細い土地に隣接する土地を購入した人は、また売却する時に困るのです。

実際に細い土地の所有者は現地には住んでいませんし、固定資産税も課税されないケースが多く、代が変わってしまうと相続人は先代が所有していることさえ分かっていない場合があります。

このようなケースでは、所有者を探し出すまでに時間がかかりますし、余計な費用がかかるのは言うまでもありません。

これだけは絶対に避けたい、境界トラブルのある土地

～登記事項証明書から境界トラブルのあったことが分かることも～

◆隣と境界で揉めている人は意外と多い

竹島や北方領土問題のような国境の争いは、皆さんもよくご存知かと思います。

しかしマイホームを購入して、または現在土地を所有していて、隣地との境界紛争を抱えている方がかなりいらっしゃいます。境界紛争が過熱して殺人事件にまで発展したケースもあります。

図表は、平成18年から平成22年の筆界特定制度の申請数を示しています。

筆界特定制度とは平成18年1月20日に施行された新しい制度なのですが、法務局が主導となって筆界がどこかを特定してくれる制度です。

この筆界特定制度を利用する方には、隣の人と境界線で揉めて申請する人、隣の人の居

筆界特定件数

年次	筆界特定（件）	
	新受	処理
平成18年	2,790	731
平成19年	2,690	2,426
平成20年	2,492	2,758
平成21年	2,579	2,476
平成22年	2,302	2,636

場所が分からず（空き家となっているなど）申請する人などがいますが、ほとんどの場合は前者です。

法務局が当初想定していた申請件数は年間約1000件でしたが、制度発足以降、年間2000件を超える件数が申請されています。境界が決まらなくて困っている方、境界トラブルになっている方が予想以上に多いということです。

また、筆界特定制度とは別に、境界確定訴訟があります。筆界特定を申請した件数以外にも境界確定訴訟があることを考えれば、どれだけの方が境界紛争に悩まされているか理解していただけると思います。

では、購入者があらかじめ境界トラブルがあった土地かどうか判断することはできるのでしょうか。

筆界特定制度を利用したかどうかは、登記事項証明書で確認できます。あくまでも筆界特定まで至った場合です。取り下げや却下は含まれません。

土地の登記事項証明書を見ると、筆界特定欄があります。「余白」と記載してあれば筆界特定申請されていない土地ですが、番号が記載してあれば、その土地は筆界特定がなされた土地です。

筆界特定欄に番号が記載されていれば、前述のように隣の人が立会いに応じなかった、承諾しなかった、見つからなかったなど問題があった土地だと推測できるのです。

とはいえ、筆界特定制度を利用して円満に解決したケースもありますので、あくまでも参考程度に考えましょう。

詳細が知りたい方は、どのように筆界特定に至ったのか筆界特定書で確認できます。筆界特定書は手数料を納付すれば誰でも法務局で取得することができます。

登記事項証明書（筆界特定がなされたもの）

筆界特定がなされると、ここに記載されます。

東京都新宿区東新宿一丁目２－３　　　　全部事項証明書　（土地）

表　題　部　（土地の表示）		調整	余　白	不動産番号	1234561234567
地図番号		筆界特定	平成27年1月20日筆界特定（手続番号平成26年第40号）		
所　在	新宿区東新宿一丁目			余　白	
① 地　番	② 地　目	③ 地　積 ㎡		原因及びその日付（登記の日付）	
2番3	宅地	65	43	２番２から分筆 ［平成2年3月1日］	

権　利　部　（甲　区）	（所有権に関する事項）		
順位番号	登記の目的	受付年月日・受付番号	権利者その他の事項
1	所有権移転	平成１４年３月２日 第１２３４５号	原因　平成１４年３月２日売買 所有者　新宿区東新宿一丁目２番３号 田中　一郎
2	所有権移転	平成１６年１２月１５日 第４５６７８号	原因　平成１６年１２月１５日売買 所有者　新宿区東新宿一丁目２番３号 佐藤　一郎

権　利　部　（乙　区）	（所有権以外の権利に関する事項）		
順位番号	登記の目的	受付年月日・受付番号	権利者その他の事項
1	根抵当権設定	平成１４年８月５日 第５６７８９号	原因　平成１４年８月５日設定 極度額　金２０００万円 債権の範囲　金銭消費貸借取引 債務者　新宿区東新宿一丁目２番３号 田中　一郎 根抵当権者　東京都新宿区東新宿一丁目１番１号 株式会社　甲野銀行 （取扱店　東西支店）
2	１番根抵当権抹消	平成１６年６月３０日 第３８０００号	原因　平成１６年６月２５日解除

これは登記記録に記録されている事項の全部を証明した書面である。

平成　年　月　日

東京法務局　新宿出張所　　　　登記官　　　　印

境界杭がなくなっても安心な地積測量図の知識

~境界標がなくなったら早めに復元させよう~

◆正確で安心な地積測量図とは

地積測量図とは法務局に備え付けられる土地の求積図です。地積測量図には土地の形状や寸法、境界標の種類、地積の求積方法などが記載されています。

しかし、**地積測量図は全ての土地について備え付けられているわけではありません。**

地積測量図がない土地も多く存在します。

地積測量図を添付する登記として、土地の分筆登記（土地を分ける登記）、地積更正登記（当初から誤っていた地積を更正する登記）、水路などの払下げを受ける時などに申請する表題登記（新たに地番が付される登記）があります。

土地合筆登記（複数の土地を一つの土地にする登記）や土地の地目変更の場合は、地積測量図が添付書類になっていません。

また、土地分筆登記などの地積測量図を添付すべき登記でも、登記申請した時期が古いものは備え付けられていない場合があります。


地積測量図が備え付けられていない場合や古い時代に作製された地積測量図は、測量機械や測量技術が未熟だったため、測量誤差が大きい可能性があります。


では、正確で安心な地積測量図とはどういうものでしょうか。

それは、座標求積されている測量図です。座標求積された地積測量図は、境界標が亡失した時の復元能力が高いという特徴があります。


地積測量図については三斜求積と座標求積という方法で面積を算出したものがあります。

次ページの地積測量図のうち、三斜求積の地積測量図では、土地を三角形に切って面積を算出しているのが分かると思います。

昔はこのような三斜求積の地積測量図が主流でしたが、今日では座標求積によって作製

地積測量図（三斜求積によるもの）

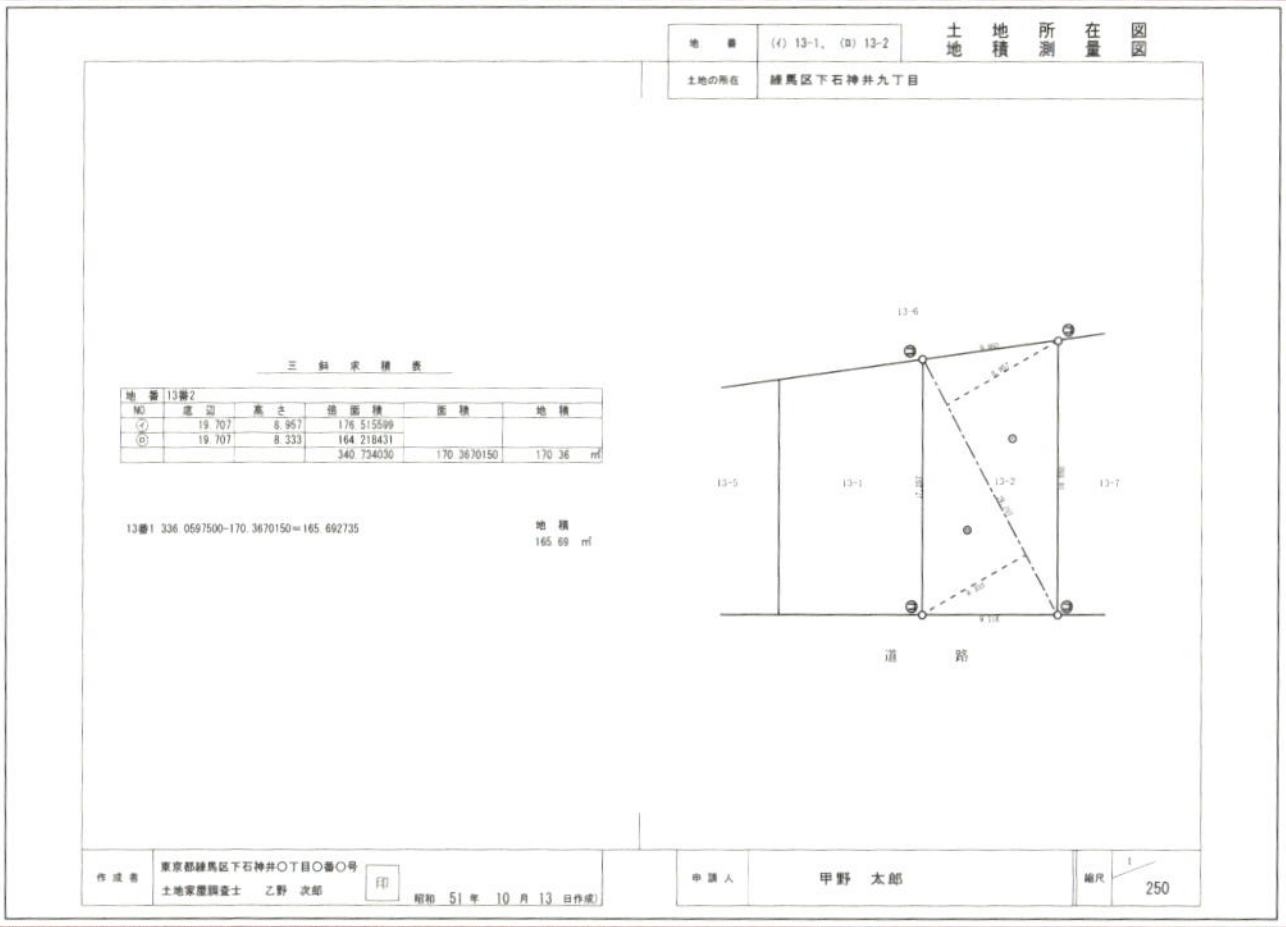

地番	(イ) 13-1、(ロ) 13-2
土地の所在	練馬区下石神井九丁目

土地所在図
地積測量図

三斜求積表

地番	13番2				
NO	底辺	高さ	倍面積	面積	地積
㋑	19.707	8.957	176.515599		
㋺	19.707	8.333	164.218431		
			340.734030	170.3670150	170.36 ㎡

13番1 336.0597500−170.3670150＝165.692735

地積
165.69 ㎡

作成者	東京都練馬区下石神井〇丁目〇番〇号 土地家屋調査士 乙野 次郎 印 昭和 51 年 10 月 13 日作成	申請人	甲野 太郎	縮尺	1/250

地積測量図（座標求積によるもの）

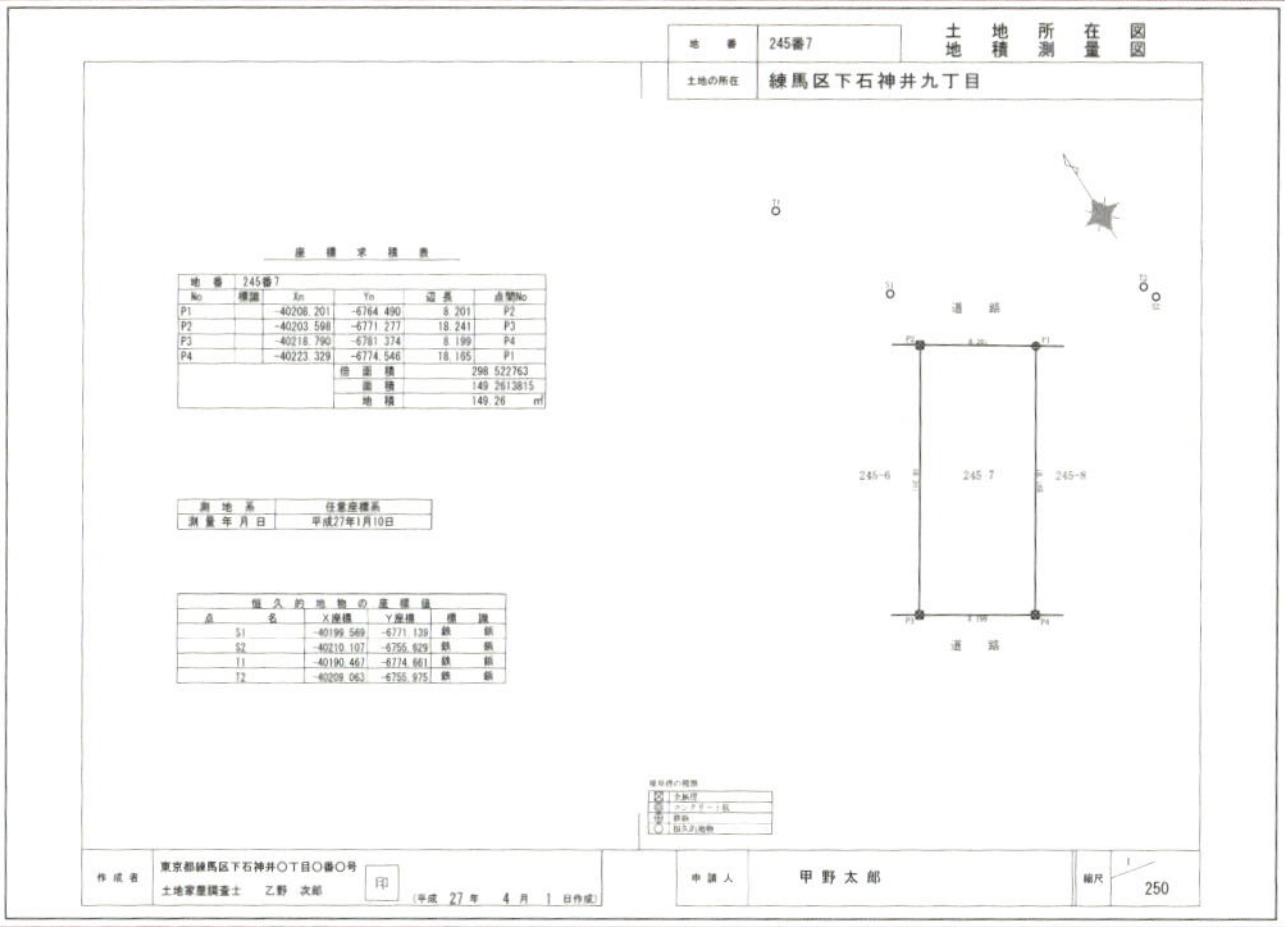

地番	245番7
土地の所在	練馬区下石神井九丁目

土地所在図
地積測量図

座標求積表

地番	245番7				
No	標識	Xn	Yn	辺長	点間No
P1		-40208.201	-6764.490	8.201	P2
P2		-40203.598	-6771.277	18.241	P3
P3		-40218.790	-6781.374	8.199	P4
P4		-40223.329	-6774.546	18.165	P1
			倍面積	298.522763	
			面積	149.2613815	
			地積	149.26 ㎡	

測地系	任意座標系
測量年月日	平成27年1月10日

恒久的地物の座標値			
点名	X座標	Y座標	標識
S1	-40199.569	-6771.139	鉄鋲
S2	-40210.107	-6755.629	鉄鋲
T1	-40190.467	-6774.661	鉄鋲
T2	-40209.063	-6755.975	鉄鋲

作成者	東京都練馬区下石神井〇丁目〇番〇号 土地家屋調査士 乙野 次郎 印 （平成 27 年 4 月 1 日作成）	申請人	甲野太郎	縮尺	1/250

されるものが主流となっています。

地積測量図に座標を記載することにより、寸法だけでなく角度までも正確に把握できるので、例えば境界標が亡失してもその他の境界点などから正確に復元することができるのです。

前ページの図のように境界点以外にも恒久的地物（容易に移動しない埋設物などのこと）の座標も記載することにより、境界標が亡失したときのリスクを回避できるようになっています。

ただし、境界標が亡失した際には早めに測量士や土地家屋調査士に復元してもらうことをお勧めします。

境界標がない土地は人間の体で例えると虫歯の状態です。時間が経っても治るわけではありませんし、放置しておけば境界紛争に向けて悪化の一途をたどります。

おわりに

本書は物件の購入を検討されている方の「気づき」になって欲しいと思いました。

それは、「そんなこと知らなかった」「そんなこと考えもしなかった」「素人には思いもつかない」という言葉をよく耳にするからです。

生活する中で重要な衣食住という言葉で「住」の部分の知識の欠落が大きいのがトラブルを起こす原因になっていると感じています。

今後の少子高齢化社会、年収300万時代と言われる昨今、いかにマイホームを手にして幸福に暮らしていけるか。

本書を読まれたより多くの皆さんが幸福なマイホームを手に入れることを切に願っております。

髙橋　輝

【著者】 髙橋　輝
土地家屋調査士。埼玉土地家屋調査士会所属。民間紛争解決手続代理関係業務認定取得。

日本大学卒業後、住宅販売会社に営業職として勤務。その後、土地家屋調査士事務所に勤務した後、独立。

土地、建物の調査・測量・登記手続き案件を数多くこなす。特に税理士・司法書士等、他士業との連携を図り、「相続対策の測量・登記業務」に力を入れている。

他に測量士、宅地建物取引士、マンション管理士、マンション管理業務主任者、ファイナンシャルプランナー、住宅ローンアドバイザーの資格を保有。

監修書に「自分でできる不動産登記」（自由国民社）がある。

髙橋土地家屋調査士事務所　http://office-takahashi.biz/

買《か》ってはいけない家《いえ》と土《と》地《ち》

2015年12月16日　初版　第1刷発行
2016年 1月25日　初版　第2刷発行

著　　者　髙橋《たかはし》　輝《あきら》
発 行 者　伊藤　滋
印 刷 所　大日本印刷株式会社
製 本 所　新風製本株式会社
本文DTP　株式会社CAC
発 行 所　株式会社自由国民社
〒171-0033　東京都豊島区高田3-10-11
営業部　TEL03-6233-0781　FAX03-6233-0780
編集部　TEL03-6233-0786
U R L　http://www.jiyu.co.jp/